配送中心仓储仿真实训
Flexsim初级实训教程

王 帆 王艳丽 王 彬 ◎ 编著

清华大学出版社
北京

内 容 简 介

本书是三维仿真软件 Flexsim 的初级教程，以项目制的形式针对仿真实训课程进行设计，注重实操，不涉及过多的理论知识。本书适用于物流相关专业、计算机相关专业、工业工程专业等，适合全国普通高等学校的本科生、专科生以及刚入门的研究人员使用，可用于相关的仿真实训课程或自学。

全书主要分为三大部分：第一部分介绍了 Flexsim 仿真的基本概念；第二部分是基础练习，安排了 14 个案例，各有侧重；第三部分是综合练习，安排了 3 个综合案例，层层递进。

本书采用 Flexsim 软件以及大量案例使读者由浅入深地逐步掌握 Flexsim 软件的基本技能，形成自己的建模思路。配套光盘提供了详细的操作视频（微课）和相关模型，为读者提供手把手的指导，光盘具体内容见书中的附件 B。

本书封面贴有清华大学出版社防伪标签，无标签者不得销售。
版权所有，侵权必究。举报：010-62782989，beiqinquan@tup.tsinghua.edu.cn。

图书在版编目（CIP）数据

配送中心布局仿真实训：Flexsim 初级实训教程/王帆，王艳丽，王彬编著．—北京：清华大学出版社，2015（2023.1重印）
ISBN 978-7-302-41040-9

Ⅰ．①配… Ⅱ．①王… ②王… ③王… Ⅲ．①物流配送中心—系统仿真—应用软件—教材 Ⅳ．①F253－39

中国版本图书馆 CIP 数据核字（2015）第 169065 号

责任编辑：朱敏悦
封面设计：汉风唐韵
责任校对：王荣静
责任印制：宋　林

出版发行：清华大学出版社
网　　址：http://www.tup.com.cn，http://www.wqbook.com
地　　址：北京清华大学学研大厦 A 座　　邮　编：100084
社 总 机：010-83470000　　邮　购：010-62786544
投稿与读者服务：010-62776969，c-service@tup.tsinghua.edu.cn
质量反馈：010-62772015，zhiliang@tup.tsinghua.edu.cn

印 装 者：小森印刷霸州有限公司
经　　销：全国新华书店
开　　本：185mm×260mm　　印　张：7.75　　字　数：153 千字
版　　次：2015 年 8 月第 1 版　　印　次：2023 年 1 月第 9 次印刷
定　　价：35.00 元

产品编号：065529-01

前　言

学习 Flexsim，入门比较容易，但是想找一份系统的初级教程却很难。目前国内的相关书籍也不宜适用于 Flexsim 初级实训教学。秦天保老师与周向阳博士主编的《实用系统仿真建模与分析——使用 Flexsim》水平比较高，系统介绍了从数据采集、模型构建到输出分析、仿真优化的整个流程，读者需要有较高的知识储备，适合研究生层次的学生研习。尹静、马常松主编的《Flexsim 物流系统建模与仿真》分行业介绍了许多具体的仿真案例，较为详尽，但是没有基础练习进行铺垫，在使用上有一些难度。

鉴于此，本书按照以下思路进行编排。本书的适用对象是二三年级本科生、专科生，力求使学生快速掌握操作方法、建立学习通道、理解建模原理、形成建模思路。

首先，为了能够详尽地展示操作方法，本书为大多数案例录制了配套的视频教程并进行了合理的剪辑。基本上每个视频都不超过 10 分钟，符合微课的要求和学生的学习规律。老师们如果有条件，可以尝试利用这些资源组织翻转课堂的教学形式。

其次，本书为学生梳理了科学的学习通道。全书分为三大部分，整体脉络为：概念认知，知识点学习，认识仿真的决策支持功能，能够建立完整的仿真模型，能够通过仿真模型进行优化分析。本书第一部分介绍了实体和端口的概念以及整体的建模步骤；第二部分通过十五个案例对建模知识进行介绍，知识点的安排符合学生的认知规律，使学生逐步掌握各种实体的用法以及多种建模工具的用法等；第三部分安排了三道习题，让学生对 Flexsim 进行综合练习。三道习题的角度各不相同，第一道习题是关于配送中心布局规划的案例，需要大量的计算来得到实验结果。由于在该习题中的仿真建模思路进行了极大的简化，建模过程却仍比较复杂，学生很难独立完成。所以只要求学生对 Flexsim 的作用进行认知，会用本书提供的模型得出仿真结论。第二道习题是对配送中心的自动化立体仓库进行建模，用于展示配送中心作业流程。该习题用到了第二部分所学的很多知识，能够使学生将前面的知识进行整合，理解这些知识点的整体效用，同时能够理解仿真模型的建立思路。第三道习题设计了一个快餐店的案例，之所以没有使用配送中心的背景，是考虑到按快餐店设计能够使学生易于理解。实际上，快餐店的管理与物流、配送中心的管理是有共性的，甚至它本身就是一条供应链，生产、仓储、销售、运输、消费多个环节都囊括于此。解决这道习题需要对前面所学知识活学活用，难度较大。老师们也可以将该习题作为比赛题目组织仿真比赛。从该习题中能够体会到仿真技术的真正价值，理解瓶颈分析、优化方法，学会从不同角度提出对物流系统的优化建议。

通过系统的学习，配以详尽的操作视频，相信学生能够快速掌握仿真建模的相关技能，理解仿真建模的原理并形成自己的建模思路。

本书建议的配套课程为《配送中心布局规划与管理》，采用"理论＋实训"的授课方式对学生进行多方位的综合训练，能够使学生对配送中心相关知识形成全面系统的把握。此外，为了加强对配送中心仓储管理能力的锻炼，项目组还为该课程设计了一套配送中心运营管理沙盘实训课程，设计学时为 8 课时，在此也极力推荐给各位老师。沙盘的相关简介见光盘附件 A。众所周知，沙盘类课程是管理学专业的学生最好的实验室。我们通过尝试发现，学生在配送中心运营管理沙盘的实训过程中，既能够理解专业知识，又能够锻炼管理决策能力，能够得到非常大的收获。

本书的出版得到了 Flexsim 中国总代理——北京创时能科技发展有限公司的大力支持。为配合本书组织开展翻转课堂形式的教学，创时能公司在 Flexsim 中文论坛（www.flexsimasia.com）上为本书专门开设了一个版块供大家交流学习之用。相信在大家的共同努力下，能够使 Flexsim 仿真教学为更多学生和企业所了解。

书中的不足之处希望各位老师不吝批评指正，同时也欢迎各位老师的交流与合作。E-mail：coolbase@163.com。

2015 年 2 月

目 录

第一部分 Flexsim 认知篇 1

第二部分 Flexsim 基本操作篇 7

 项目 0　模拟货物出库装车 9
 项目 1　邮局服务窗口 16
 项目 2　邮局服务窗口与概率分布 22
 项目 3　邮局服务窗口与数据拟合 26
 项目 4　两个服务窗口的模型 30
 项目 5　分解器、多功能处理器等多种对象的使用 34
 项目 6　使用全局表对不同订单进行拣选 42
 项目 7　一个操作员同时执行两个任务时的优先级设定 47
 项目 8　区分合格品和不合格品 51
 项目 9　货物在货架上按指定规则进行摆放 56
 项目 10　用多种方法设定不同产品的加工时间 60
 项目 11　对三个订单不同产品的分拣和堆码 66
 项目 12　为仓库设定最高和最低库存水平 71
 项目 13　关闭网络节点侧边 75
 项目 14　货物的拆箱、贴标和入库 80

第三部分 配送中心布局仿真综合篇 86

 项目 1　日用品仓储配送中心布局设计与仿真实训 86
 项目 2　自动化立体库布局设计与仿真实训 91
 项目 3　快餐店运营仿真与优化 99

附件 A　配送中心运营管理沙盘简介 104

附件 B　本书配套光盘目录 111

附录 C　相关知识索引 116

参考文献 117

第一部分　Flexsim 认知篇

一、什么是 Flexsim

Flexsim 是一款功能强大的三维仿真分析工具，可以帮助您对系统设计和运行做出更加明智的决策。所谓仿真，就是将现实系统用计算机模型进行模拟，使计算机模型能够在一定程度上反映现实系统的主要特性，从而根据计算机模型的运行结果对现实系统进行评价、预测、改进。与现实系统相比，使用 Flexsim 建立 3 D 计算机模拟系统，可以节省更多的时间与资金。

面对众多备选方案，Flexsim 可以提供给您大量的回馈信息，帮您选定最恰当的方案。利用 Flexsim 的模拟现实图像动画功能和更加强大的运行报告输出功能，您可以轻松发现问题，并且在有限时间内，对解决方案做出准确评价。

根据已有的经验，系统仿真可以成功应用于以下方向，但不限于此。

1. 仿真在制造业中的应用方向

瓶颈分析、生产线平衡分析、接单决策分析、产能分析、设施规划分析、成本分析、产出分析、投资分析、客户服务水平分析、存货政策分析、设备参数分析、资源排班分析、厂内外物流分析、排程、派工仿真、零库存系统仿真、企业再造工程仿真。

2. 仿真在服务业中的应用方向

企业流程改善仿真、商业自动化仿真、物流仓储仿真、银行服务流程仿真、投资决策仿真、新产品开发流程仿真、物流系统最佳化分析、网路效率评估、空间规划仿真、后勤支援仿真、配销系统仿真、拍卖市场仿真、零库存系统仿真、ISO 品管流程仿真。

3. 仿真在交通运输业应用方向

派车仿真、交通工具排班仿真、停车场设施规划、车流、人流仿真、物流中心规划、快速服务业仿真、农产运销仿真、发展轨道运输、整合公路网络、运输管理决策、发展大众运输、加强运输安全、研发运输技术。

4. 仿真在军事上的运用

兵棋作战仿真、派车仿真、医务管理仿真、运输补给仿真、后勤支援仿真。

Flexsim 仿真能够解决的问题主要集中在如下几个方面：努力提高人员、设备的利用率，减小等待时间和排队长度，发现并解决瓶颈问题，消除缺货问题等。

Flexsim 已经被成功地应用在系统设计研究和日常运作系统管理中，在培训和教学领域也有所应用。Flexsim 可以透视出真实系统中的复杂相关性和动态特性，可以帮助操作人员和管理人员了解系统是如何运作的，同时也可以了解实施替代方案后的系统运行情况。Flexsim 还被用来建立交互式模型，在模型运行时改变模型参数，实时对模型进行调整，从而对运行结果产生影响，使人们能够清晰地观察到系统中内在的因果关系。

二、Flexsim 软件主窗口布局

Flexsim 软件主窗口由以下五部分构成，如图 1-1 所示。

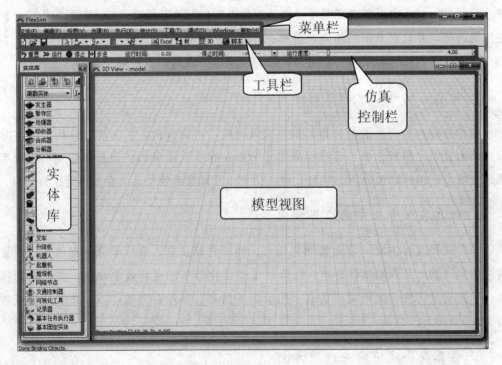

图 1-1 Flexsim 软件主窗口

1. 菜单栏

菜单栏是一般软件都具有的组成部分，软件的很多功能都可以在菜单栏中找到。对于某些软件而言，可以从菜单栏入手来学习软件的操作，但 Flexsim 有所不同。相比之下，3D 视图、实体库、模型树比菜单栏更为重要。因此，本书建议从实体库和 3D 视图开始认识 Flexsim。

2. 工具栏

工具栏提供了常用功能按钮，为建模提供了方便。但是，有些情况下使用快捷键比使用工具栏更方便，例如保存文件，建立或断开 A 连接和 S 连接。强烈建议初学者用快捷键来完成上述操作。

3. 仿真控制栏

仿真控制栏包括模型的重置、运行、停止和步进命令，显示当前运行时间，设置模型结束时间，调整运行速度。建议在运行模型前单击一下重置按钮，使模型恢复初始状态，并使新做的修改生效。当需要了解模型各个关键环节的运行状态时可以用"步进"而不用"运行"。单击一次"步进"，模型会运行到下一个关键步骤。"步进"按钮常在调试模型时使用。

4. 实体库

实体库主要包括离散实体和流动实体两类，本书仅介绍部分离散实体的用法。在实体库中可将相应实体拖拽到 3D 模型视图中进行建模。

5. 模型视图

模型视图可以分为 3D 视图和平面视图两种，通常情况下我们只使用 3D 视图即可满足建模要求。单击工具栏的 ![3D] 图标即可打开 3D 视图界面。在 3D 视图的空白位置，按住左键拖拽，可以实现视图的平移；按住右键拖拽，可以实现视角的变换。如果想恢复最初的视角，可以在空白位置右击，选择"视图—重置视图"如果 3D 视图中已经存在实体，单击实体，其周围显示黄框时，称为"高亮实体"。按住 Shift 键，拖拽鼠标左键，可以对多个实体进行框选，此时实体四周显示红框，称为"选中的实体"；按住 Ctrl 键，逐一点选实体也可以选中多个实体。对高亮实体可以单独修改其属性；对选中的实体可以进行某些统一操作，如调整实体的位置等，也可将高亮实体属性直接复制给选中的实体。按住 Shift 键单击 3D 视图的空白位置可以取消选中实体。高亮实体周围会出现 6 个不同颜色的箭头，左键拖拽箭头可以将实体在该方向上拉长或缩短；右键拖拽箭头可以将实体沿该轴进行旋转。

三、Flexsim 的两个基本术语

在开始前，首先了解 Flexsim 软件的两个基本术语，理解了这两个概念就可以对 Flexsim 的建模方法形成大体的认知。

1. 实体

Flexsim 中的实体是模型所处理的对象，分为 Flexsim 实体和临时实体两大类。Flexsim 实体是指模型中通常会一直存在的事物，用来模拟不同类型的资源，例如机器、货架、操作员、网络节点等，您可以在实体库中找到他们；临时实体是在模型中通常伴随着产生、运输、处理、消除等一系列过程的事物，我们可以将临时实体理解为货物，临时实体通常由发生器产生，您可以在临时实体箱中修改临时实体。

如图 1-2 所示，Flexsim 实体包括产生、消除、储存、运输、处理货物的场所或设备，如发生器、吸收器、货架、暂存区、传送带、处理器等，统称为固定资源类实体，简称"固定实体"；也可以是搬运货物的人员或设备，如操作员、叉车、堆垛机等，统称为任务执行类实体；除此之外，还有一些实体如网络节点、可视化工具等也属于 Flexsim 实体。

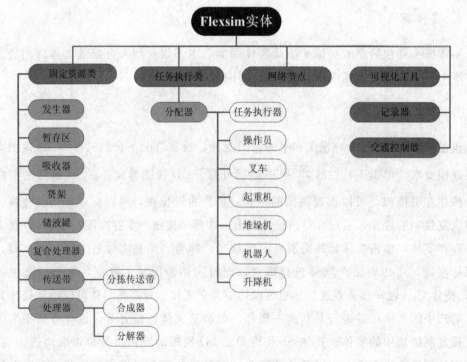

图 1-2　Flexsim 实体的种类

Flexsim 实体在仿真中模拟不同类型的资源。以暂存区为例，它可以扮演存储或缓冲区的角色，可以代表一队人、CPU 中一队空闲处理程序、一个工厂中的地面堆存区、或客户服务中心的等待呼叫的队列。再例如处理器，它可以模拟一段延迟时间或处理时间。因此，凡是涉及需要消耗时间的作业环节都可以用处理器来模拟，例如模拟一台机器的加工过程、一个银行出纳员的服务过程、一个邮政员工分拣包裹的过程等。本书中仅介绍部分实体，对分拣传送带、储液罐、升降机、起重机、交通控制器、基本任务执行器、基本固定实体、基本传送带不作介绍。其中，升降机、起重机与操作员类似，您可以自行练习，其他实体的使用方法较难掌握，您可以在掌握初级建模技巧后再进行自学。

临时实体是指模型中临时产生的实体，是可以从一个固定资源类实体传递到另一个固定资源类实体的物品。临时实体可用来表示生产或服务中的原料、产品或产品集，如零件、顾客、托盘、订单等；也可以是任务执行者（见第三部分项目三的关键建模技巧）。您可以给每个临时实体指定一个类型，临时实体类型是置于临时实体上的一个标签，可以代表一个条形码、产品类型或工件号。Flexsim 可以公共临时实体类型来安排临时实体的行进方向。

2. 端口

实体通过端口与其他实体进行通信，端口可以分为输入端口、输出端口和中间端口三类，端口数目没有限制。输入端口显示在实体的左上角；输出端口显示在实体的右上角；中间端口显示在对象底部的中心位置。

其中，输入端口和输出端口是固定实体间联系的"城门"，只有当城门间建立了通路并且两端的城门都打开时，临时实体才能从上游的固定实体进入下游的固定实体。建立输入端口和输出端口间的通路需要用到的操作叫做"A 连接"，方法是在英文输入法状态下按住 A 键，然后用鼠标依次点击上游和下游的固定实体（注意先后顺序）。这样，当上游的输出端口和下游的输入端口都处于打开状态时，上游处理完临时实体后可以顺利地将其发送到下游。输入输出端口在默认情况下是打开的，其关闭的方法会在后续章节进行介绍。如果需要指代与实体的输入端口相连的上游实体，可以用 inobject()函数；如果需要指代与实体的输出端口相连的下游实体，则可以用 outobject()函数。

中间端口是固定实体间，或固定实体与任务执行类实体间相互联系的"纽带"，当实体的中间端口间建立了通路，可以非常方便地对对方进行调用。建立中间端口间的通路需要用到的操作叫做"S 连接"，方法是在英文输入法状态下按住 S 键，然后用鼠标分别点击两个实体（不分先后）。这样，经过简单的设置，即可实现由操作员将临时实体搬运到下游固定实体的效果。centerobject()函数用于指代与实体的中间端口相连的任务执行类实体或其他实体。

四、Flexsim 建模步骤

本书将 Flexsim 建模过程概括为如下五个具体步骤：

1. 画图纸

图纸的绘制可以利用 AutoCAD 等专业建模工具来完成，对于非专业人员可以使用 Visio 来进行绘制。在图纸绘制完成之后导出 AutoCAD 格式，即.dwg 格式。将.dwg 图纸导入到 Flexsim 的模型背景中，调整图纸的尺寸以适合 Flexsim 的实际尺寸。从图纸到 Flexsim 的模型背景的转化过程中会涉及尺寸比率的调整，这一步骤较难把握，可以利用如下技巧来完成。

通常我们会在图纸中绘制 1 m×1 m 的正方形，在将图纸导入 Flexsim 后，可以在 Flexsim 中拖入基本临时实体，如果基本临时实体的尺寸与所绘制的正方形完全吻合，说明图纸尺寸已经符合要求。

2. 摆设备

摆设备也就是进行模型布局，即按照模型所模拟的场景将相应的固定实体、任务执行类实体等从实体库拖入到模型中，按照图纸所示的位置调整固定实体的位置。在简单的模型中对固定实体的位置没有严格要求，此时画图纸的步骤可以省略。

3. 连端口

按照模型中所要求的货物流动方向，设定 A 连接；按照模型中所要求的实体调用关系，设定 S 连接。

4. 调参数

对相应实体的参数按照模型要求进行修改，例如货物到达时间、加工时间。在这一步中还应该对模型的逻辑进行修改，使模型达到正常的运行状态。逻辑的设置，如货物发往哪个端口，调用谁去搬运货物，设计任务序列或实现更复杂的建模要求等。在设置逻辑时，有时会用到代码的编写，在初级教程中对此不作严格要求。

5. 试运行

在完成前 4 步之后，尝试运行模型。观察模型运行是否顺利；查看相应的统计数据，检验模型是否运行正确。如果模型未正常运行，则重复步骤 3、4、5 直到运行正常。

第二部分　Flexsim 基本操作篇

【实训建议】

实训中对拓展练习不作要求,您如果感兴趣可以自主练习。本书配套光盘提供了大量视频,参考视频可以快速完成建模任务,而文字内容则能帮您梳理建模思路,消化相关知识,提供考核标准。

在组织实训或自学的过程中,建议按照以下顺序进行学习:

1. 先看实训目的和任务背景,思考或讨论如何完成任务;
2. 阅读建模思路,比较一下与您的想法是否一致,如果您有更好的方法请向老师提出来;
3. 参照"操作步骤"和"相关知识"观看视频教程,体会建模思路与操作方法;
4. 尝试独立完成模型,实在做不下去再去翻资料;
5. 整理思路,阅读"相关知识"进一步加深理解。

本课程建议采用集中实训的形式,配合 Flexsim 中文论坛的实训版块(www.flexsimasia.com/forumdisplay.php？fid=51&sid=mwqe4w)可以组织翻转课堂的教学形式。与一般意义的翻转课堂不同,这里的课下学习也需要放到课上的时间来完成。

针对基本操作部分,在上课时间内,学生们聚到实训室共同进行在线学习。但是在学习过程中不限制学生的自由,学生可以自己支配学习时间,当然在课前完成也可以。学完每个任务后,学生需要根据任务要求进行建模。这个过程鼓励学生在线讨论,由于视频已经非常清楚,老师不需要参与讨论,而是让学生在思考与讨论中慢慢理解仿真的思路。

等基本操作完成后再让学生统一开始每个综合任务,这三个任务需要步调一致。综合练习的三个任务各有特点。任务一需要老师进行讲授后再让学生参考视频完成任务。任务二操作比较烦琐,老师在介绍完背景后即可让学生在线学习,并完成任务。任务三很有挑战性,是课程的终极目标,学生不一定能完成。完成任务三完全靠前面所学的内容以及学生自学,教材只提供了关键建模技巧。综合练习的作业需要在线下提交,尽量避免学生直接分享模型文件。

每个任务都设计了评分标准,老师参照标准对小组提交的作业进行评分。小组内将小组得分重新分配,保证各组员得分的平均值等于小组得分即可。

总评成绩由基本操作成绩和三个综合练习的成绩加权而成。其中基本操作是完成后续任务的基础，其加权值建议为 0.4；而综合练习的任务三则应分配最大的权值，建议为 0.3；其余两个综合练习可各占 0.15。对在论坛中表现突出的学生，在总评成绩上再加 5~10 分。

对于表现好的学生，允许他们在今后的课程中继续在线交流，这样学生们经过多年的积累会慢慢地把这些任务逐步完善，甚至达到高级水平。

如果老师们需要，可以联系版主，申请相应的处理权限。

项目0 模拟货物出库装车

一、实训目的

1. 学会把现实系统中的不同环节抽象成仿真模型中的对应实体；
2. 初步认知 Flexsim 模型的建立和运行；
3. 体会发生器、暂存区、传送带、吸收器的使用；
4. 体会 A 连接和 S 连接的作用；
5. 学会根据现实情况对相应实体进行参数设定。

二、计划学时

25 分钟

三、项目背景

宏远物流配送中心有一批箱装货物要出库，大约每 20 秒出库一箱货物。货物到达暂存区的时间服从 exponential（0，20，0）的指数分布。货物到达暂存区后由 1 名操作员搬上传送带，经贴标签后装车。操作员搬运完货物后返回暂存区。

四、建模思路

该项目是 Flexsim 的启蒙案例，是对 Flexsim 操作的基本认知，所以我们把这个项目命名为项目 0。希望通过该任务让大家对 Flexsim 的基本操作形成初步了解。

在 Flexsim 软件中，大约每 20 秒出库一箱货物的要求需要用发生器进行模拟。货物到达暂存区的时间服从指数分布，这需要在发生器的参数中进行设置，设置方法会在后面详细介绍。

暂存区用于暂时存放货物，或者能够模拟排队的过程等。货物到达暂存区后被放上传送带，到达传送带另一端后需要进行贴标签的处理。贴标签的过程需要消耗时间，在 Flexsim 中应该用处理器来进行模拟。贴标签后的货物需要进行装车，由于任务背景并未对装车环节作特殊要求，且货物装车后不再有后续操作，因此装车过程可以直接把货物移出模型，即让它消失掉。这个过程可以用Flexsim的吸收器来进行模拟。

操作员搬运完货物后返回暂存区的要求，需通过修改操作员的属性来实现。本书中涉及属性修改的内容多为Flexsim预置的修改方案，基本不涉及代码的编写。相关内容在后续任务中会陆续接触到，此处不做过多介绍，您只需认识到通过点选的方式可以很方便地修改实体的属性即可。而且Flexsim预置的修改方案非常多，您可以尝试修改其他实体的某些属性，看看Flexsim为您提供了哪些预置方案，试试这些方案会产生什么结果。

五、操作步骤

1. 布局

需要将建模思路中用到的实体从实体库拖入到Flexsim的3D视图界面，调整好它们的位置，如图2-0-1所示：

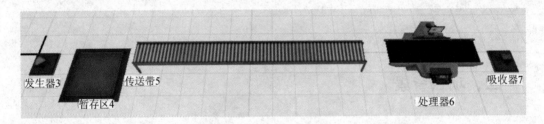

图 2-0-1　项目0布局图

2. 连线

在Flexsim中需要指定货物的流动方向，需要进行A连接（具体说明见"相关知识"部分）。在Flexsim软件左上角的工具栏处会看到"A连接"图标，点击右侧的下拉箭头，会出现如图2-0-2所示的三种连接形式，选择"连接实体－A"。此时依次单击发生器－暂存区－传送带－处理器－吸收器，可以将其进行A连接。

注意： 该方法只需了解即可，在今后的操作中，建议使用快捷键进行实体的各种连接，具体方法见"相关知识"部分。

单击工具栏中的"重置""运行"，此时模型已经能够运行起来。

在模型中我们要求由1名操作员把货物搬上传送带，因此，需要把操作员拖入模型中。由于暂存区需要调用操作员完成搬运操作，因此需要将暂存区与操作员进行S连接。这样能够在暂存区的属性中非常方便地对操作员进行指代。具体一点说，在暂

第二部分　Flexsim 基本操作篇

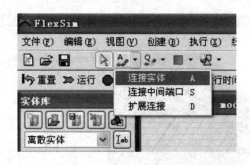

图 2-0-2　Flexsim 的三种连接方式

存区的属性中 centerobject（current，1）就代表操作员（与该实体 current 的第 1 个中间端口相连的实体）。

单击重置、运行，发现操作员并未进行货物的搬运，这是因为我们虽在暂存区和操作员之间建立了联系，但暂存区并未给操作员分配任务，这需要通过参数设置来实现。

3．参数设置

（1）货物到达暂存区的时间服从 exponential（0，20，0）的指数分布：双击发生器，将到达时间间隔改为 exponential（0，20，0）。exponential（0，20，0）可以理解为一个可变的数值，这些值的平均数是 20。

（2）指定 1 名操作员搬运货物至传送带：点击暂存区－临时实体流，勾选"使用运输工具"，点击确定，此时暂存区就能够指定操作员为其搬运货物到传送带。

观察"使用运输工具"右侧的内容，考虑为什么操作员能动起来？

（3）操作员搬运完货物后返回暂存区：双击操作员－触发器，单击"资源可用性触发"（即操作员空闲后执行的代码）右侧的 ⊞ 按钮，选择"行进到归属位置"，确定。此时操作员搬运货物完成后立即返回到其归属位置，即走到与操作员进行 S 连接的暂存区。

4．运行和分析

点击重置、运行，一段时间后，点击"停止"按钮，使模型中止。双击暂存区，点击"统计"选项，在此界面中我们能够观察出相应实体的统计数据，包括输入量、输出量等，单击该界面的"图表"按钮，弹出该实体运行状态的比例图。

具体操作步骤见视频 001 启蒙。

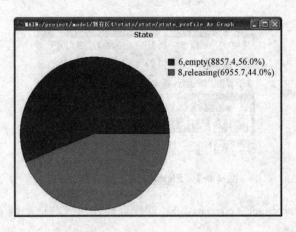

图 2-0-3　实体运行状态的比例图

六、相关知识

1. 发生器

一般情况下,发生器是模型中必需的实体,用于在模型中创建临时实体,如货物、排队的人、生产线上的零件等。临时实体的到达方式有到达时间间隔、到时间表或到达序列。其中到达时间间隔是最常用的到达方式,它是指每隔多长时间产生一个临时实体。大部分模型都是从发生器开始的,因此在见到新模型时可以先从模型中的发生器开始分析。

2. 暂存区

暂存区用于堆放等待进入下游固定实体的临时实体。只要临时实体暂时无法进入下游固定实体就可在下游固定实体前加一个暂存区。暂存区可以代表桌子、篮子、队列或者等待室等。

3. 处理器

只要对临时实体进行加工就会用到处理器,处理器的实质是使临时实体按照要求停留一段时间。处理器可以模拟任何类型的机器、工站或任何消耗时间的工作。临时实体在处理器中停留的时间分为预置时间、加工时间和阻塞时间,一般我们仅对加工时间进行设定。停留时间有时也包含等待运输工具的时间,如果发生故障时还包括维修处理器的时间。

4. 吸收器

吸收器是临时实体离开模型的出口,其作用就是让临时实体消失。一般来说,临时实体只能通过吸收器"离开"。

5. 实体的连接

Flexsim 模型中的实体之间是通过端口来连接的,端口分为输入端口、输出端口和中间端口三种类型。端口间的连接有 A 连接、S 连接和 D 连接三种类型。

(1) A 连接:输入端口和输出端口之间用 A 连接,用于指定临时实体的流动方向。从一个固定实体 M 的输出端口向另一个实体 N 的输入端口建立 A 连接,则可以使临时实体从 M 流动到 N。操作方法是在英文状态下按下键盘上的 A 键,同时用鼠标依次单击上游实体和下游实体,即可将实体进行 A 连接。A 连接用 Q 键取消,即在英文状态下按下键盘上的 Q 键,同时用鼠标依次单击上游实体和下游实体即可将实体间的 A 连接断开,如图 2-0-4 所示。

图 2-0-4　A 连接与输入/输出端口

(2) S 连接:中间端口之间用 S 连接,用于建立实体间的关联关系,以便对实体进行调用。由于在一个模型中可能涉及非常多的实体,通过名称等方式来调用某一个实体显得不太方便,因此,在 Flexsim 中设计了 S 连接的方式能够实现实体间的方便调用。如图 2-0-5 所示,暂存区和操作员之间建立了 S 连接,那么就称操作员为暂存区第一个中间端口所连接的实体,以函数的形式则表示为 centerobject(current,1)。如果把这个函数写在暂存区的属性中,那么其中的 current 代表实体本身,即暂存区;整个函数代表与 current 的第一个中间端口相连的实体,即操作员。建立 S 连接的方法为:按下 S 键的同时用鼠标依次点击需要进行 S 连接的实体,即可使其相连。需要注意,A

连接是有方向的,一定要先点击上游实体再点击下游实体;S 连接则没有方向。S 连接用 W 取消,即在英文状态下按下键盘上的 W 键,同时用鼠标依次单击 S 连接的两个实体即可使两者断开 S 连接。

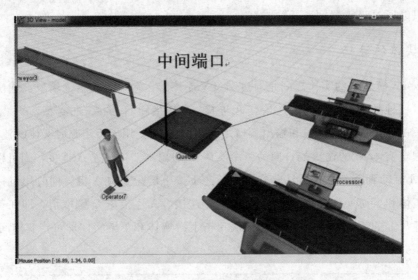

图 2-0-5　S 连接与中间端口

(3) D 连接。D 连接是 Flexsim 仿真的高级技能,本书不做介绍。

图 2-0-6 总结了连接和断开端口的快捷键,可依该图进行记忆。

	输入端口到 输出端口	中间端口到 中间端口
断开	Q	W
连接	A	S

图 2-0-6　使用键盘快捷键连接和断开端口

6. 系统瓶颈

系统瓶颈是制约物流系统整体效率的因素,仿真的作用就是能够帮助决策者找出系统瓶颈,从而设法解决。在建模完成后,可以通过观察暂存区堆积量或分析处理器占用率两种方式来找到系统瓶颈。前者可以直接观察,方便易行。如果某个暂存区一直有很多的产品堆积,这就表明它下游的设备是一个系统瓶颈。第二种方法则需要查看每个处理器、合成器、分解器的状态报表,如果某个处理器总是处于繁忙的状态,那么瓶颈很可能就在这个环节。

解决瓶颈的办法不一而足,最直接的有增加设备、提高设备的生成率、增加员工等。将解决办法进行仿真,观察瓶颈是否消除,并且没有造成新的问题(帕累托改进)。如果解决办法使物流系统得到了改善,则说明这个方法可行。

七、考核标准

考核项目	内 容 标 准	分值
实体选用	能够根据项目背景正确选用相应实体。	20
连线	能够正确使用 A 连接和 S 连接,方向和连线正确。	30
参数设定	能够根据项目背景对实体参数进行设定,正确无误。	30
模型运行	能够发现和解决模型运行中的问题,模型运行正常。	10
仿真结论	会查看和分析仿真数据,得出结论。	10

项目1 邮局服务窗口

一、实训目的

1. 学会把现实系统中的不同环节抽象成仿真模型中的对应实体；
2. 练习暂存区、处理器、流节点的使用；
3. 理解"发送至端口"的作用；
4. 学会根据现实情况对相应实体进行参数设定。

二、计划学时

35 分钟

三、项目背景

每 30 秒有一位客户到达邮局。邮局服务窗口的服务时间为 30 秒。如果排队超过 20 个人，新到的人（unhappy）则会直接离开。客户离开时按照指定的线路依次离开。

四、建模思路

该项目要求每 30 秒有一位客户到达邮局，当涉及每隔一段时间产生一项事物的时候，我们可以把该事物看作一箱货物，此时可以用发生器进行模拟。邮局服务窗口进行服务的过程实际上就是一个处理的过程，因此服务窗口应该使用处理器进行模拟。在服务窗口前的排队过程需要用暂存区进行模拟。客户在服务窗口结束服务后，需要将其从模型中移除，因此需要用到吸收器。当排队超过 20 人时，新到的人会直接离开，这里也需要用吸收器进行模拟。客户离开时按照指定的线路依次离开，应该用流节点来实现。在 Flexsim7.0 以后，实体库中已经不提供流节点，可以使用传送带来代替流节点。

五、操作步骤

1. 布局

依次将发生器、暂存区、处理器和两个吸收器拖入 Flexsim 的 3D 界面中，适当调整位置、尺寸及旋转角度，如图 2-1-1 所示。

图 2-1-1　项目 1 布局图

在调整暂存区形状的时候，单击暂存区可看到暂存区周围出现 6 个箭头，如图 2-1-2 所示。按住箭头 1、2 进行拖动，可以调整其 X 轴方向的长度；按住箭头 3、4 进行拖动，可以调整其 Y 轴方向的长度；按住箭头 5 进行拖动，可以调整其 Z 轴方向的长度。此处，我们需要调整 X 轴和 Y 轴方向的长度。

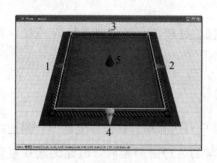

图 2-1-2　暂存区的方向箭头

在调整处理器的旋转角度的时候，需要双击处理器－"常规"选项卡，将 RZ 的值修改为 90，如图 2-1-3 所示。如果对旋转角度要求没那么精确，或者说我们并不太关心实体旋转了多少度，此时可通过拖拽鼠标来实现对实体的旋转。单击实体后，实体周围出现 6 个箭头，右键按住某个箭头进行拖动，即可使实体沿该箭头所在的方向轴进行旋转。

图 2-1-3 调整处理器的旋转角度

2. 连线

依次对发生器、暂存区、处理器、吸收器进行 A 连接，再将发生器和第二个吸收器进行 A 连接。

3. 参数设置

（1）每 30 秒有一位客户到达邮局：双击发生器—"到达时间间隔"改为 30。由于客户到达时间间隔和处理器的处理时间相同，因此无法观察到客户排队的现象。为了使客户排队的效果更加明显，我们将客户的到达时间间隔改为 10。

（2）邮局服务窗口的服务时间为 30 秒：双击处理器—"加工时间"改为 30。

（3）将临时实体修改为"人"：双击发生器—临时实体种类—选择"person"，运行模型会发现临时实体已经变为人。此外，为了使客户显得更加真实，我们可以将其服装的颜色进行更改。双击发生器—触发器选项卡，在创建触发中选择设置颜色，将客户的颜色改为随机（random），即可使人物的着装出现不同的颜色。

（4）客户接受服务时在窗口静止：运行模型发现客户在服务窗口进行服务时会沿处理器的方向进行移动，不符合现实的视觉要求，此处我们可以对处理器的参数进行调整。双击处理器，将"临时实体走完处理器全长"这一项取消勾选，即可实现客户在服务窗口处的静止效果。

（5）客户排成一列：运行模型会发现客户在暂存区产生了纵向的堆积，不符合现实的情景。因此，需要进行相应的调整。双击暂存区－实体堆放－选择"水平堆放"，即可使客户在水平方向进行排队。

（6）如果排队超过20个人，新到的人（unhappy）则会直接离开：对于刚接触Flexsim的您来说，这个要求实在不知该如何实现，对吗？请先不要着急看答案，双击暂存区仔细思考一下，解决方法只需一步而已。

双击发生器发现在临时实体流选项卡中，发送至端口处默认的选择是"第一个可用"。也就是在发生器下游的实体中，如果第一个与发生器进行A连接的实体未装满，那么临时实体就会发送到该实体当中。我们来看一下发生器的下游有哪些实体，在发生器的常规选择卡中选择"输出端口"，此时会发现与发生器第一个输出端口连接的是暂存区；第二个输出端口连接的是吸收器，也就是说当暂存区未装满之前，客户是不会进入吸收器的。暂存区的最大容量默认为1000，因此，需要调整暂存区的最大容量。双击暂存区，将最大容量改为20。此时当暂存区容量达到20之后，暂存区变为不可用，如果发生器继续产生客户，则会发往第二个端口，即吸收器。

（7）客户离开时按照指定的线路依次离开：在模型中拖入一些流节点，从发生器开始依次连接各个流节点，调整各个流节点的旋转角度，断开发生器和第二个吸收器的A连接。这时候会发现离开的客户已经按照流节点指定的方向行走。在视频012拓展中我们又对模型进行了一些细微的改动，实现更符合现实的视觉效果，具体操作请参照视频。

（8）演示模式：在模型窗口右击选择视图设置演示模式，可以将一些连线隐藏，更方便对模型进行观察。

4. 运行分析

模型运行一段时间后可以查看各个实体的统计数据。如共有多少人来过（发生器的输出量），多少人直接离开（第二个吸收器的输入量），顾客的平均等待时间（暂存区的平均停留时间）等。

六、相关知识

1. 流节点

如果希望临时实体在指定的路径上从一个实体到达另一个实体，就可以在模型中使用流节点。比如要体现人们（临时实体）在走廊中行走的状态时，可以用到流节点。

与传送带类似，一个流节点连接到另外一个流节点或者固定资源类实体。

在后面的学习中，我们还会接触到"网络节点"，两者的区别在于：流节点用于指定临时实体的前进路径；网络节点用于指定操作员、叉车、堆垛机等任务执行器的前进路径。

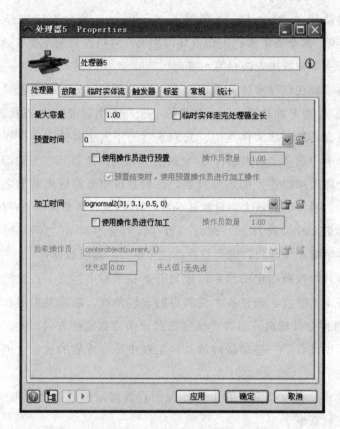

图 2-1-4　属性窗口示意图

2. 属性窗口

双击实体可以打开实体的属性窗口，图 2-1-4 显示了处理器的属性窗口，每个实体都有很多的属性。临时实体在固定实体中的停留时间和它们从一个固定实体到另一个固定实体的发送方式都可以通过属性值来设置。点击应用按钮使修改起作用；点击确定按钮，应用修改并关闭窗口；点击取消按钮将取消修改并关闭窗口。

七、考核标准

考核项目	内 容 标 准	分值
实体选用	能够根据项目背景正确选用相应实体。	10
连线	能够正确使用 A 连接和 S 连接，方向和连线正确。	30
参数设定	能够根据项目背景对实体参数进行设定，正确无误。	20
模型运行	能够发现和解决模型运行中的问题，模型运行正常。	30
仿真结论	会查看和分析仿真数据，得出结论。	10

项目 2　邮局服务窗口与概率分布

一、实训目的

1. 理解分布函数的意义；
2. 学会对相应实体进行分布函数参数的设定。

二、计划学时

20 分钟

三、项目背景

根据统计，研究人员发现大概每隔 30 秒有一位客户到达邮局，模拟时间间隔最符合的分布是指数分布，方差（locationvalue）为 0，均值（scalevalue）为 30。邮局服务窗口的服务时间为 lognormal2（31，3.1，0.5）秒。如果排队超过 20 个人，新到的人则会直接离开。

四、建模思路

项目 2 是对项目 1 的延续，在项目 1 中所规定的客户到达时间和窗口服务时间都是固定值，而这在实际生活中是不可能的。因此我们可以在模型中引入概率分布函数使得模型更加贴近于现实情况。这里仅需要对分布函数进行初步认知，相关知识将在后续章节进行讲解。

五、操作步骤

该项目只需要打开项目 1 所完成的仿真模型，继续进行相关的操作即可。

1. 参数设置

（1）大概每隔 30 秒有一位客户到达邮局：双击发生器—到达时间间隔—选择"统

计分布"。如图2-2-1所示,此时会出现很多备选的统计分布函数及其对应的示意图,包括正态(normal)分布、指数(exponential)分布、对数正态(lognormal)分布、伽玛(gamma)分布、泊松(poisson)分布、威布尔(weibull)分布等,请自行观察和比较不同分布的示意图。本项目中选择"exponential",将比例调整为30。这里的比例值可以理解为到达时间间隔的均值。

图2-2-1　Flexsim中备选的统计分布函数

(2)邮局服务窗口的服务时间为lognormal2(31,3.1,0.5)秒:双击处理器—加工时间—选择"统计分布"—选择"lognormal2",将位置、比例、图形分别设置为31,3.1和0.5。

2. 运行分析

运行模型一段时间之后,双击处理器,选择统计选项卡,可以观察相应的统计数据。仔细观察暂存区会发现货物到达暂存区的时间间隔并不固定,这正是统计分布函数所起的作用。

六、相关知识

概率分布函数

概率分布函数是一个能够体现事件发生概率的函数,正是通过它,我们才能用数学分析的方法来研究随机变量。通过分布函数可以知道在一次试验中某一个结果发生的概率。常见的分布函数有指数分布、正态分布、对数正态分布和伽马分布，如图 2-2-2 所示。

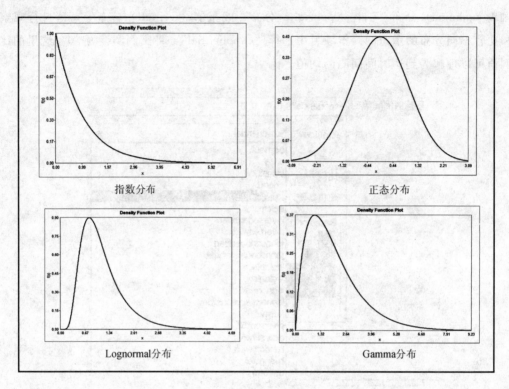

图 2-2-2　常见分布函数

最常见的分布函数是正态分布，又名高斯分布，这是一个在数学、物理学及工程等领域都非常重要的概率分布。由于这个分布函数具有很多非常漂亮的性质，使得其在涉及统计科学、离散科学等领域的许多方面都有着重大的影响力，例如工艺误差、测量误差、材料特性、应力分布都可以用它来描述。然而在仿真模型中要谨慎对待正态分布的使用。因为正态分布有可能出现负值，所以像客户到达时间这样的数据是不适合使用正态分布的。

指数分布可以用来表示独立随机事件发生的时间间隔，比如旅客进入机场的时间间隔、打进客服中心电话的时间间隔等，因此在发生器的到达时间间隔位置适宜使用指数分布。伽马分布则表示独立随机事件发生 n 次的时间间隔。

泊松分布适合于描述单位时间内随机事件发生的次数。如某一服务设施在一定时间内受到的服务请求的次数、电话交换机接到呼叫的次数、汽车站的候车人数、机器出现的故障数等。

有意思的是：指数分布描述的是时间间隔，泊松分布描述的是频率，两者间存在一定的关联。如果单位时间内某事件发生的次数（如到达的人数）服从参数为 r 的泊松分布，则事件连续发生两次的时间间隔序列服从参数为 r 的指数分布；事件发生 n 次的时间间隔为 Gamma（0，r，n）。

威布尔分布常用于寿命分析，大量实践经验表明，很多产品的寿命都是服从威尔分布的。

对数正态分布主要适合于加速寿命试验数据、疲劳失效以及维修时间等等。如果将一个变量看作许多很小独立因子的乘积，则这个变量可以看作是对数正态分布。一个典型的例子是股票投资的长期收益率，它可以看作是每天收益率的乘积。

七、考核标准

考核项目	内 容 标 准	分值
参数设定	能够根据项目背景对实体参数进行设定，正确无误。	20
分布函数	观察正态分布、指数分布、泊松分布、Gamma 分布、对数正态分布、威布尔（Weibull）分布的函数图像，并进行截图。	50
模型运行	能够发现和解决模型运行中的问题，模型运行正常。	20
仿真结论	会查看和分析仿真数据，得出结论。	10

项目3 邮局服务窗口与数据拟合

一、实训目的

1. 理解分布函数的现实意义；
2. 掌握分布函数的拟合方法；
3. 学习 Flexsim 的统计方法。

二、计划学时

40 分钟

三、项目背景

为了测评邮局服务窗口服务时间的合理性，邮政研究中心的人员对每天每位客户到达 A 邮局的时间和服务窗口的服务时间分别进行了统计。统计数据见光盘中的表 3-1。请根据统计数据设计仿真模型。与项目 1 相同，如果排队达到 20 个人，新到的人则会直接离开。

四、建模思路

在项目 2 中直接给出了相关的概率分布参数，因此，我们可以直接在模型中进行设定。但是在实际的工作中需要对大量的数据进行统计分析，才能得出这样的统计参数，在项目 3 中我们将带领大家学习如何将统计数据进行概率分布的拟合，主要用到的工具是 Flexsim 自带的 ExpertFit。

五、操作步骤

本书配套光盘中提供了相应的统计数据，包括邮局窗口服务时间的统计数据和客户到达时间间隔的统计数据。

第二部分　Flexsim 基本操作篇

1. 窗口服务时间的分布拟合

(1) 复制数据：复制表 3-1 中的邮局窗口服务时间的全部统计数据。在 Flexsim 中单击统计菜单－ExpertFit－"新建"按钮－OK 按钮－Analysis 按钮－EnterData 按钮－选择 Enter/EditDataValues 按钮－Apply 按钮－PasteatEndfromClipboard 按钮，此时已将窗口服务时间统计数据全部粘贴到了左侧的数据栏，单击 OK 按钮－"是"－Done 按钮，即完成了数据导入的工作。

(2) 分布拟合：单击 DataAnalysis 页面左侧的"Models"选项卡（如图 2-3-1 所示）－AutomatedFitting 按钮。

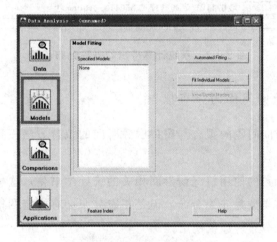

图 2-3-1　"Models"选项卡

经过分析之后，系统给出了最适合的三项统计分布，单击 Done 按钮，系统自动切换到 Comparisons 选项卡，单击 GraphicalComparisons 按钮，在这里可以通过不同的图形对拟合程度进行观察。

单击 DataAnalysis 页面左侧的"Applications"选项卡－SimulationRepresentation 按钮，在 SimulationSoftware 里选择 Flexsim，单击 Apply 按钮。此时可以观察到系统给出的概率分布函数，选中该统计函数，如图 2-3-2 所示。单击 copy 按钮－ok 按钮，对统计函数进行复制，为了妥善保存该统计函数，可将其粘贴到 Excel 的空白单元格里进行保存。

2. 修改模型参数

打开项目 2 中所完成的模型，双击处理器打开属性窗口，将处理器的加工时间改为刚才得出的拟合分布值，并删除末尾的 stream。stream 值在 Flexsim 软件中称为随机数流，用于模拟现实情况中的随机因素，在此不做深入讲解，直接删掉即可。

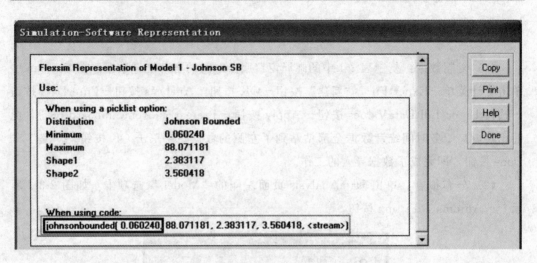

图 2-3-2　系统计算得出的概率分布函数

3. 客户到达时间间隔的分布拟合

对于客户到达时间间隔的拟合与窗口服务时间的拟合方法一致，相关操作请参照视频 031 统计数据。

关于各类分布函数的使用情况请参阅相关的统计学书籍，这里需要指出的是我们最常听到的概率分布类型是正态分布，但是正态分布会有一定的概率产生负值，所以在仿真模型中对正态分布应谨慎使用。

六、相关知识

概率分布拟合：在利用现实数据进行建模时，需要将我们在现实中搜集到的大量数据转变成 Flexsim 能够理解的形式，这个过程要用到的方法，即为概率分布拟合，或称为数据拟合。简单地讲，就是用一条曲线来大致描述某事件发生的概率。

七、考核标准

考核项目	内 容 标 准	分值
实体选用和连线	能够根据项目背景正确选用相应实体，并正确连线。	20
参数设定	能够根据项目背景对实体参数进行设定，正确无误。	10
模型运行	能够对模型运行的数据进行分析。	10

续表

考核项目	内容标准	分值
分布函数	理解分布函数的意义,并能够对数据进行分布拟合。	50
仿真结论	会查看和分析仿真数据,得出结论。	10

八、拓展练习

练习内容:续项目3,该模型在运行到28800秒时停止。请完成以下统计:

1. 一共服务了多少客户?
2. 客户排队等候的最大时间和平均时间是多少?
3. "unhappy"的客户有多少?
4. 服务窗口的利用率是多少?

(具体操作见视频032)

项目 4 两个服务窗口的模型

一、实训目的

1. 学习复制实体；
2. 掌握按百分比选择临时实体流动方向的操作方法；
3. 认识 Flexsim 的二维操作界面；
4. 学会使用全局表记录数据；
5. 学会实验器的用法。

二、计划学时

25 分钟

三、项目背景

在项目 3 的基础上，邮局发现一个服务窗口难以满足业务需要，客户排队时间太长，流失率较大。因此，决定新增加一个服务窗口，其服务时间与旧窗口相同。如果新增窗口提供不同的服务，40%的人需要到窗口 1，60%的人需要到窗口 2，排队时间会有什么变化？

四、建模思路

在项目 3 的基础上增加一个服务窗口，其服务时间与旧窗口相同。这种情况下，我们可以对旧窗口进行复制，节省建模时间。客户到不同窗口按百分比进行分配，可以通过调整临时实体流的发送策略来实现。视频中展示了 Flexsim 的二维界面，这不是重要的知识点，只需了解即可。

五、操作步骤

1. 布局

在项目 3 的基础上，对模型进行适当调整，选中并复制处理器。在模型空白处拖动鼠标右键可以对视图进行旋转，选中实体进行拖动可以改变实体的位置。

2. 连线

根据模型逻辑对实体进行正确的连线。

3. 参数设置

为了便于观察客户流向的百分比，可将两个处理器分别命名。在处理器上游的暂存区属性窗口中查看临时实体流选项卡，观察到发送至端口选用的策略是"第一个可用"。因为项目要求将客户按比例发送到两个不同的端口，所以需要将其调整为"按百分比"。单击 按钮，按图 2-4-1 所示填写相关数据，代表 40%的客户流向端口 1，60%的客户流向端口 2。

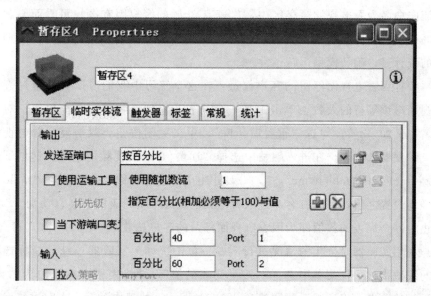

图 2-4-1　按比例发送到两个不同的端口

4. 运行分析

运行模型，一段时间之后将模型停止。点击处理器可以观察到处理器的输出量，大体比例应该为 6∶4，这说明模型的设置是正确的。

六、延伸练习

练习内容：在项目 3 的背景下，通过调查发现如果邮局里有电视可以看，即使排队超过 20 人，还是有 30%的人愿意留下来继续等待。假设每位客户带给邮局的收益为 10 元，邮局安装电视的全部成本为 5000 元。上级领导要求，如果 A 邮局决定安装电视，必须在 1 年内收回成本。请考虑是否应该安装电视？（具体详见视频 042）

操作提示：

（1）布局：在项目 3 完成的模型基础上，进行必要的调整。删除一些实体使模型简化，在此用到了查找实体工具。双击视图－模型应用－查找实体，实体种类选择离散实体，实体类型选择 FlowNode（流节点），单击"选中全部"，然后按 Delete 键删除这些流节点。新增一个暂存区用来模拟看电视的客户所停留的场所，具体操作见视频 042。

（2）连线：参照视频 042 对实体进行正确的连线操作。请注意：在实体的常规选择卡里选择相应端口之后，通过调整右侧的排序箭头可以改变所连实体的端口顺序。

（3）参数设置：将主要的实体重新命名，以便于观察。双击名为 UNHAPPY 的暂存区－"临时实体流"选项卡－在"发送至端口"选用"按比例发送"的策略。30%的客户流向命名为看电视的暂存区中，代表有 30%的客户因有电视可看而愿意继续等待；70%的客户流向吸收器，代表不愿等待而直接离开的客户。尝试运行模型，观察各实体的统计量，确认模型运转正常。

（4）统计因看电视而停留的客户数量：在这个练习中我们可以借助全局表来记录因看电视而继续等待的人数。单击工具－全局表－添加，新增一个全局表。对全局表进行命名，例如"sy"，勾选"重置时清除"，单击关闭按钮。双击模拟看电视场所的暂存区－触发器选项卡－在进入触发中选择"递增值"。按视频所示，在递增下拉选项中选择 gettablecell("tablename", 1, 1)，并用全局表的名称"sy"替换"tablename"。经过这样的设置之后，每当有客户进入看电视区域时，全局表的值会自动加 1，这样当模型停止时，全局表的数值即为因看电视而停留的客户总数。

（5）利用实验器对全年的情况进行实验：单击统计－实验器－绩效指标选项卡－在右侧的绩效指标下拉菜单中选择"按全局表的值"，并将表格名称修改为"sy"。单击试验运行选项卡，将运行时间调整为 28800，即一天的工作时间；方案重复运行次数修改为 360，即模拟一年的运行状况，单击开始实验。等实验结束后，单击"查看结果"按钮－选择 RawDate，在该界面显示了每天因看电视而停留的客户数量，将其进行累加，即可得到全年因看电视而停留的客户总数。

最终我们得到全年因电视而挽留的客户总数为 800 人，每人能够为邮局带来 10 元的收益，总收益为 8000 元。总收益大于电视的安装成本 5000 元，所以安装电视是可取的。

七、相关知识

1. 全局表

在 Flexsim 模型中可以用表格的形式对数据进行记录，例如固定实体和临时实体都可以设置标签，而标签本身就是一个表格。但这些表格属于实体所有，而 Flexsim 模型本身也可以拥有表格，模型中的任何一个实体都可以很方便地对这类表格进行读写。这类表格就叫作"全局表"。

在 Flexsim 中通过工具主菜单可以打开或新建全局表。全局表可以存储数字型或字符串型数据。模型中任何一个实体都可以用 inc ( )、gettablenum ( )、gettablestr ( )、settablenum ( )、settablestr ( )、reftable ( ) 命令来读写这些数据。一个模型可以有多个全局表。在本项目的拓展练习中用到了全局表，请参考视频对全局表的创建和改写方法加以理解。

2. 实验器

为了获得真正有意义的结果，仿真模型需要多次运行。实验器是实现该操作的重要工具，它可以快速为您完成模型的多次运行，对多套方案进行实验，并且得到您需要的数据。通过对多次实验数据的综合分析，提供决策依据。

八、考核标准

考核项目	内　容　标　准	分值
实体选用和连线	能够根据项目背景正确选用相应实体，并正确连线。	20
参数设定	能够根据项目背景对实体参数进行设定，正确无误。	10
实体复制	会快速复制实体。	10
全局表	理解全局表的用途，并会使用全局表，全局表参数设置正确。	30
实验器	学会用实验器获得实验数据。	20
仿真结论	会查看和分析仿真数据，得出结论。	10

项目 5　分解器、多功能处理器等多种对象的使用

一、实训目的

1. 对资源库中分解器、多功能处理器等多种对象的使用方法进行认知；
2. 理解中间端口的调用关系；
3. 掌握传送带的设置技巧；
4. 练习用记录器进行动态图表的展示；
5. 练习网络节点的使用；
6. 练习视图的设置。

二、计划学时

50 分钟

三、项目背景

每隔 20 秒一份原材料进入分解器，并被分为三份，分别进入下述三条不同的加工路径。

路径一：原材料经过 S 形输送机到达组合器。每八份原材料被放置在一个托盘上，并经过后续的输送机运送到吸收器。

路径二：原材料经过输送机到达多功能处理器。在多功能处理器上，原材料将经过三道加工工序，工序一需要 3 秒钟，工序二需要 4 秒钟，工序三需要 5 秒钟，其中工序二需要一名操作员参与才能进行。完成全部三道工序后，运输车辆将产品运送到货架上存放。

路径三：原材料沿流节点到达堆放区，此堆放区需积累达 10 份原材料才会将其一份一份地送至处理器进行加工，每份加工时间是 20 秒。加工完成的产品会放置在后续的堆放区中等待操作员将其运送到相应的吸收器中。

四、建模思路

该项目实现了对多种实体的练习，建模过程比较烦琐，但是难度并不大。

根据项目背景中对模型的描述拖入相应的实体对三条路径进行布局，通过 S 连接设置运输工具的调用关系。通过对多功能处理器的参数设置满足路径二的要求，通过设置暂存区的成批处理操作满足路径三的要求。在完成连线和相应设置之后，模型即可完成。

五、操作步骤

1. 布局

按照案例的布局要求，将发生器、分解器、传送带、组合器、多功能处理器暂存区、货架、叉车等实体拖入模型中，调整位置，完成布局，如图 2-5-1。

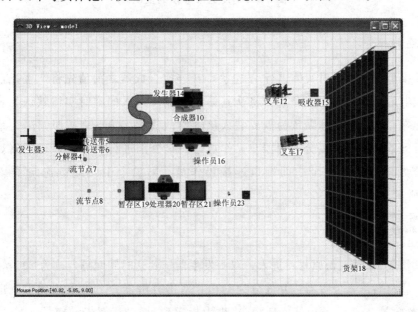

图 2-5-1 项目 5 布局图

路径一中 S 型传送带的设置方法比较烦琐。双击传送带-布局，在传送带节段编辑器中可以添加和移除传送带节段，选中要设置的传送带节段可以设置该节段的类型、长度、角度、半径等。在传送带的设置中经常会遇到一段平直节段后紧挨着一段弯曲节段，接着又是平直节段。于是就需要反复地调整节段的类型，但是弯曲节段的角度一般都是±90°，所以按照如下方法操作会大大节省操作时间。首先，按照布局要求建立出最开始的2个节段，一般情况下此时会有1个平直节段和1个弯曲节段。接下来如果需要新增平直节段，则先选中已有的平直节段，如"section1"，单击"添加"按钮，则会出现一个"section1"的副本。再点击右侧的箭头，调整新增节段的位置。最后再调整该节段的长度。如果需要新增弯曲节段的话，则先选中已有的弯曲节段，后续操作基本相同，如果需要调整角度，一般只需改变正负号即可。如图2-5-2所示。

图 2-5-2　传送带节段的复制

2. 连线

按照模型流程依次对实体进行 A 连接，在连接合成器之前请先将产生托盘的发生器与合成器进行连接，因为合成器将从其第一个端口进入的临时实体默认为容器，而将从其他端口输入的实体默认为需要装入该容器的货物。接下来按照调用关系对相应实体进行 S 连接，其中复合处理器与操作员、叉车分别进行 S 连接，近距离观察可以发现复合处理器的第一个中间端口连接操作员，第二个中间端口连向了叉车，如图 2-5-3所示。

3. 参数设定

(1) 每隔 20 秒一份原材料进入：双击发生器—到达时间间隔，改为 20。

(2) 原材料进入分解器，并被分为三份：双击分解器—分解器选项卡，选择"分解"，分解数量（split/unpackquantity）改为指定数量：3；双击分解器—临时实体流—发送至端口，选择"循环"。这样每份原材料将被分解器分为 3 份，并循环发往下游的三个端口。

(3) 路径一的设置：确保右侧的发生器连接到合成器的第一个输入端口。双击该发生器，将临时实体种类改为"pallet"，双击合成器—合成器选项卡，目标数量改为 8。将合成器与叉车进行 S 连接，令合成器使用运输工具。

第二部分　Flexsim 基本操作篇

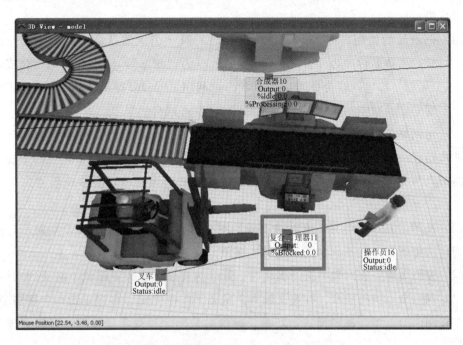

图 2-5-3　复合处理器的两个中间端口

（4）路径二的设置：双击复合处理器，添加 3 道工序，调整各工序的加工时间，并在第二道工序中把操作员数修改为 1。"拣选操作员"将指定使用哪一个任务执行类实体完成该操作，其中的参数 centerobject（current，1）表示与复合处理器中间端口连接的第一个任务执行器实体。如果观察复合处理器的中间端口会发现与其第一个连接的是操作员，第二个连接的是叉车，所以操作员负责复合处理器的第二道工序。接下来需要指定叉车将复合处理器处理完成的货物搬运至货架：单击复合处理器－临时实体流，勾选"使用运输工具"，由于叉车是与复合处理器的第二个中间端口相连接的，因此我们将此处的参数调整为 centerobject（current，2）。

（5）路径三的设置：在路径三中双击第一个暂存区，勾选"成批操作"，目标数量修改为 10，这样就保证原材料累计达 10 份后才会逐份送至处理器；双击处理器－处理器选项卡，加工时间改为 20。在完成 S 连接的基础上，双击第二个暂存区－临时实体流－勾选"使用运输工具"，则使得操作员负责搬运该暂存区的货物。

请思考，第一个暂存区后 10 份原材料一次全部发送至处理器可以实现吗？

六、延伸练习

练习内容：把项目 5 模型中合成器的利用率用记录器进行动态的展示，并用网络节点指定叉车的行走路线。（具体操作见视频 052 拓展）

操作提示：

（1）记录器的使用：拖入记录器，双击记录器—记录器选项卡，数据类型改为"标准数据"，实体名称改为"合成器"，捕捉数据为"状态"，图形标题为"合成器状态"。点击运行，即可观察合成器的实时状态。利用 Flexsim 提供的 dashboard 工具同样可以实现对实验数据的动态展示，感兴趣的学生可以自主学习。

（2）用网络节点指定叉车的行走路线：拖入网络节点，将相邻网络节点进行 A 连接，并将路径一的合成器和吸收器与其相邻的网络节点进行 A 连接，然后选中任意一个网络节点与叉车进行 A 连接，此时叉车即被指派到该路径，能够按照指定的路径行进。

（3）视图工具：视图工具可以对不同的视角进行捕捉并记录，在模型演示过程中可以通过选择捕捉好的不同视图快速切换视角。

（4）模型美化：在对模型进行美化时，除了选择演示模式，隐藏不必要的实体外，还可以对网络节点进行隐藏。在英文输入法状态下按住"X"，多次单击某个网络节点，即可实现网络节点不同视图模式的切换。通过对叉车 3D 外形的设置，可以更改叉车的外形。

七、相关知识

1．合成器

合成器用来对临时实体进行打包或者装箱。打包类似于将箱子堆码到托盘上，箱子和托盘都可见，而箱子成了托盘内部的物体；装箱则类似于将货物放入纸箱后用胶带封固，货物与纸箱成为一体。在 Flexsim 中装箱操作之后会把货物销毁只留下一个箱子。使用打包（pack）选项时，来自端口 1 的临时实体将作为容器盛装来自其他端口的临时实体。使用装箱（join）选项时，端口 1 输入的临时实体将代表装箱的结果，而从其他端口进入的临时实体将被销毁。

2．分解器

分解器用来将一个临时实体分成几个部分。被分解的可以是一个由合成器装盘的临时实体组，也可以是单个的临时实体，在处理时间完成后进行拆包或分解。

拆包模式应与合成器的打包过程对应。如果分解器选择的是拆包模式，分解器就把指定数量的临时实体从容器中移出。如果分解器选择的是分解模式，当预置和处理时间结束后，分解器就复制此临时实体，得到总数等于分解数量的临时实体，然后释放所有的临时实体。

3. 复合处理器

复合处理器可在同一个位置执行多个工序，但每次只能处理一个实体。每个工序可以拥有不同的加工时间并可以使用不同数量的操作员。当大型临时实体移动到某个工位时，再次移动之前进行多种操作。在这种情况下，复合处理器是最好的选择。不过复合处理器在建模时用得并不多。

4. 网络节点

当任务执行器（运输工具）执行行走任务时，网络节点用来定义行走路径。网络路径是由一组相互连接的网络节点构成的。将任务执行器连接到路径中的任一节点，使它归入该网络路径。还要将任务执行器可能经过的固定实体与网络路径进行连接，方法是在固定实体附近设置一个网络节点，并将其与固定实体进行连接，如图2-5-4所示。与网络节点相关的连接一般都是A连接，并且不用考虑连接的方向。少数情况下网络节点也可以与其他实体进行S连接，以便对实体进行调用。在项目13中涉及了网络节点的S连接，可以参考相关视频进行学习。

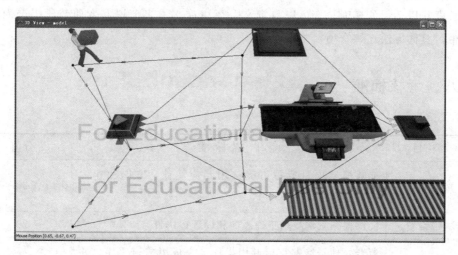

图 2-5-4 网络节点的连接与操作员行走路径示意

切换网络节点的显示模式：按住 X 键，然后多次点击任何一个网络节点就会隐藏该连线或网络节点，如图2-5-5所示。

5. 记录器

记录器用来在模型中以图形的形式记录和/或显示信息。更特殊一些的用法是用记录器来捕获表数据、标准数据和用户定义的数据。在 7.0 版本中已经没有记录器实体了，可以用 dashboard 来替代记录器的功能。

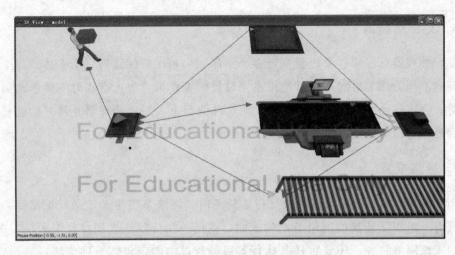

图 2-5-5　网络节点的隐藏

6. 传送带

使用传送带将临时实体从模型的一个位置运送到另一个位置。输送时间等于传送带的长度除以运行的速度。您可以自定义一个由许多平直节段和弯曲节段组合而成的传送带，具体方法在综合项目二中介绍。

八、考核标准

考核项目	内容标准	分值
实体选用和连线	能够根据项目背景正确选用相应实体，方向和连线正确。	30
传送带设置	能够根据案例要求正确添加和设置传送带。	20
复合处理器	复合处理器能够正确调用操作员完成第二道工序，并正确调用叉车将货物搬运到货架。	20
网络节点	会使用网络节点，并正确连线。	10
记录器	会使用记录器展示所需观察实体的数据。	10
视图	在分解器、多功能处理器和合成器三个位置截取视图。	10

九、拓展练习

您能建立仿真模型，模拟飞机起飞和降落的运动效果吗？

操作提示：使用发生器、吸收器、网络节点、任务执行器来构建模型，并将任务执行器的3D图形改为飞机的模型。

项目6　使用全局表对不同订单进行拣选

一、实训目的

1. 掌握如何使用全局表来记录订单信息,并根据订单信息进行拣选;
2. 理解合成器组件列表的作用,学会使用全局表来更新合成器组件列表;
3. 理解触发器的作用,会用触发器的预置选项进行模型的逻辑设置。

二、计划学时

40 分钟

三、项目背景

一个库房存有3种类型的产品,分别放在3个货架上。现在根据5种不同的订单对产品进行打包,每个订单所需要的每种类型的产品如图 2-6-1 所示。打包结束后由吸收器吸收。

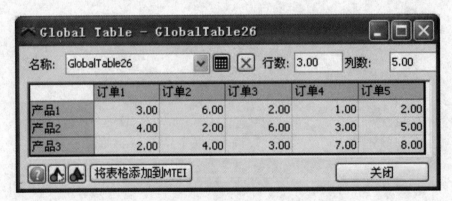

图 2-6-1　订单信息

四、建模思路

在这个练习中需要根据不同的订单对产品进行打包,产品打包可以用合成器来模拟,此时可以用托盘等容器来代替订单。但是合成器每次合成的目标数量是固定的,如何根据订单的种类来对合成器的目标数量进行调整?这就需要我们在每个订单进入到合成器之后,根据订单类型及其要求的产品数量修改合成器的目标数量,该操作可以通过合成器的进入触发来进行设置。

五、操作步骤

1. 布局

根据图 2-6-2,将实体拖入模型中,调整实体位置、旋转角度,完成布局。

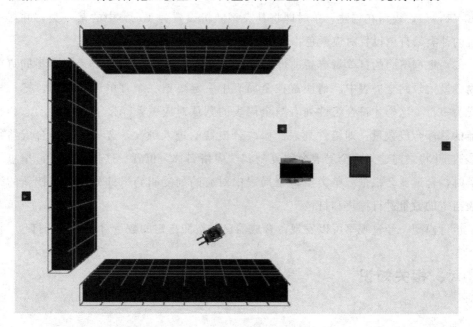

图 2-6-2　项目 6 布局图

2. 连线

在进行连线时,会出现单个实体与多个实体进行连线的操作,如发生器需要与 3 个货架进行连线。在这种情况下,我们可以先选中需要连接的实体,再进行连线。选中实体的方法有两种:一种是按住 Shift 键,拖动鼠标左键对实体进行框选,选区所涵盖的实体都将被选中；另一种方法则是按住 Ctrl 键，对实体进行逐一的选择。选择完成后，可以对选取的实体进行统一操作，如移动位置、连线等等。操作完成之后，按 Shift 键，点击空白位置可以取消选择。

另外需要注意的是，如果遇到合成器的连线，一定要先将容器与合成器进行 A 连接，再将货物与合成器进行 A 连接。

3. 参数设置

（1）设置三种类型的产品：将左侧发生器的发送至端口修改为"随机端口"。双击货架，在触发器选项卡中的进入触发中选择"设置临时实体类型和颜色"，将三个货架的临时实体类型分别调整为 1，2，3。此时，当货物进入到第一个货架时，临时实体种类变为 1，颜色变为红色；进入到第二个货架时，临时实体种类变为 2，颜色变为绿色；进入到第二个货架时，临时实体种类变为 3，颜色变为蓝色。

（2）设置打包容器：将右侧发生器的临时实体种类修改为托盘（pallet），代表订单。在其创建触发中选择"设置临时实体类型和颜色"，将临时实体类型修改为 duniform（1，5），表示在创建订单时即将其类型随机设置为 1-5 类中的某一类，并根据所设置的种类给订单设置对应颜色。

（3）根据不同的订单对产品进行打包：如图 2-6-1 所示建立全局表，将不同订单的货物数量记录到全局表中。请注意在全局表中一定要把一个订单设为一列，把一种产品设为一行，这样才符合组件列表与全局表的默认对应关系。接下来需要动态调整合成器的目标合成数量，即组件列表。修改合成器的进入触发，选择"更新合成器组件列表"，并将之前建立的全局表名称复制到"表格名称"位置。这样，每当订单进入合成器时，合成器会根据订单类型将全局表中对应的列复制到组件列表，并按新的组件列表指定的数量进行拣货和打包。

运行模型，经过观察可以发现，合成器已经按照指定的数量对产品进行打包。

六、相关知识

触发器

临时实体进入或离开实体时可以使用触发器，加工时间结束或维修时间完成时也可以使用触发器。可以认为，当实体发生重要事件时，就会执行相应触发器内的代码。每个类型的实体都有专门的一套触发器。您可以通过触发器提供的预置选项来设置触发器，也可以通过单击触发器右侧的 ▦ 按钮来编辑代码。例如，您在发生器的创建触发中写了代码，要求将临时实体（item）设置为蓝色 colorblue（item）。这样当发生器创建临时实体时会按照创建触发器的要求，将它此时创建的临时实体设置为蓝色。

一般情况下，当临时实体进入固定实体后，各类触发器的执行顺序如图 2-6-3 所示。

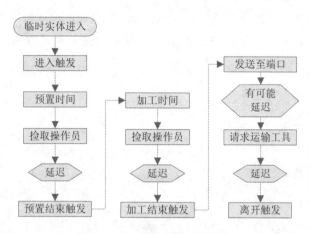

图 2-6-3　触发器执行顺序

七、考核标准

考核项目	内 容 标 准	分值
实体选用和连线	能够根据项目背景正确选用相应实体，并正确连线。	20
参数设定	能够根据项目背景对实体参数进行设定，正确无误。	30
触发器	能够根据现实情境对触发器进行正确设置。	20
全局表	会根据订单的拣选信息设置和使用全局表。	20
观察模型	会通过观察，判断模型是否运行正常。	10

八、拓展练习

能否将打包后的订单根据订单类型发送到不同的地方？能否按照百分比来产生不同的订单？

（1）将打包后的订单根据订单类型发送到不同的地方：在暂存区后再连 4 个吸收器。打开暂存区的临时实体流选项卡，在发送至端口中选择"指定端口"，即可根据订单的种类将打包后的订单发往特定的方向。这一步的逻辑是当暂存区判断将货物发送至哪个端口之前，先确定临时实体的种类，根据临时实体的种类选择对应端口。例如临时实体种类为 2，则发往第二个输出端口。这里将要发出的临时实体包括一个托盘和若干货物，其中货物属于托盘这个容器内部的临时实体，所以此处判断的临时实体种类是容器的种类，即托盘的种类。

（2）按照百分比来生产不同的订单比较困难，因为 Flexsim 没有提供相应的快捷操作选项，需要进行代码的复制与修改，本书不要求掌握。有兴趣的同学可以参考视频061 全局表。

项目 7　一个操作员同时执行两个任务时的优先级设定

一、实训目的

1. 学习如何用一个操作员既搬运又加工临时实体；
2. 学会优先级的设定；
3. 了解不使用中间端口时调用实体的方法。

二、计划学时

25 分钟

三、项目背景

某国际邮件处理中心引进了 3 台自动批译机对国际邮件进行名址识读与翻译，1 个操作员负责 3 台机器。邮件成箱到达暂存区，时间间隔为 20 秒，服从指数分布。到达后由操作员将成箱邮件搬运到某台可用的批译机器前进行识读与翻译。批译机识读前需要操作员对邮件进行整理（预置），其时间需要 10 秒。每箱邮件在批译机上识读（加工）的时间为 20 秒。完成后，邮件箱自动离开系统。

请完成以下任务：

1. 请根据背景建立仿真模型。
2. 操作员将邮件搬运到机器上之后，能否继续停留执行预置工作？
3. 不使用中间端口，能做出同样功能的模型吗？

四、建模思路

该项目的模型建立比较简单，相信根据前面所学的知识，您已经能够独立完成第 1 个任务了。我们用发生器产生成箱邮件（box），处理器模拟批译机的识读和翻译。进行布局和连线后尝试运行模型。但会发现操作员将产品搬运到机器之后，立即离开机器,没有继续停留在机器旁执行预置工作。此时处理器周围出现了黄框,说明正在等待操作员完成相应操作。这里需要通过设置操作的优先级来达到该练习的要求。

五、操作步骤

1. 布局

模型的布局如图 2-7-1 所示:

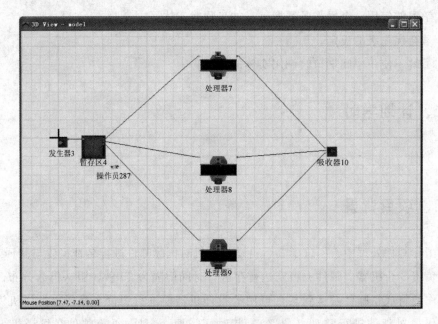

图 2-7-1 项目 7 布局图

2. 连线

根据模型操作流程及调用关系设置实体间的连线。可通过 Shift 键框选,完成对三个处理器的快速连接。

3. 参数设置

(1) 邮件成箱到达暂存区的时间间隔为 20 秒,服从指数分布:将发生器的到达时间间隔调整为 exponential (0, 20, 0)。

(2) 操作员搬运邮件到处理器:将暂存区的发送至端口选择"指定端口",勾选"使用运输工具"。

(3) 操作员整理邮件的时间需要 10 秒,每箱邮件的识读时间为 20 秒:将处理器的预置时间调整为 10,勾选"使用操作员进行预置",加工时间调整为 20。

此时,运行模型发现操作员将邮件搬运到批译机之后,立即离开机器,没有继续停留在机器旁整理邮件。

(4) 操作员搬运邮件后立即整理:要实现这个效果需要设置优先级,将三个处理器的优先级都修改为 1,如图 2-7-2 所示。经观察模型已经符合要求,在此可以将优先级设置成不同的数值来进行深入的理解,实际上只要处理器的优先级大于暂存区的优先级,即可满足该练习的要求。

该练习的操作比较容易,难点在于对优先级的理解。您能够举一反三,用设置优先级的方法实现其他效果吗?

(5) 不使用中间端口来调用操作员:此前我们需要用 S 连接来建立实体之间的调用关系,如果不使用 S 连接,同样也可以进行调用。例如,可以通过使用运输工具名称来进行调用,相关操作见视频 071。

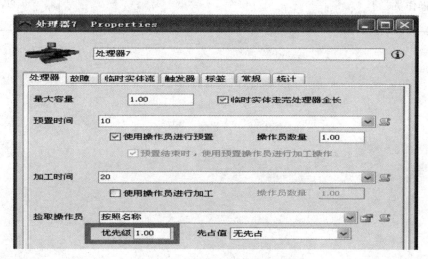

图 2-7-2　处理器优先级的设置

六、相关知识

1. 优先级

固定实体给任务执行器分配任务后,这些任务会在任务执行器中排队,任务执行器按顺序逐个完成任务。优先级对将要送往任务执行器的任务序列进行优先级的设定。任务执行器通过优先级对任务进行排序,优先级高的任务首先被执行。具有相同优先级的任务序列将按照它们被接收的顺序执行。

2. 先占值

如果选择先占,则送往任务执行器的任务序列将会自动地抢占任务执行器此时正在执行的任何操作。

七、考核标准

考核项目	内 容 标 准	分值
实体选用和连线	能够根据项目背景正确选用相应实体,并正确连线。	20
参数设定	能够根据项目背景对实体参数进行设定,正确无误。	30
优先级	能够通过设置优先级满足题目要求。	30
调用操作员	能够在不使用中间端口的情况下,让操作员完成货物搬运和预置工作。	20

项目 8　区分合格品和不合格品

一、实训目的

1. 了解临时实体流选项卡中的常用选项；
2. 掌握临时实体的颜色设置、外观设置的方法。

二、计划学时

35 分钟

三、项目背景

2 种类型的产品在不同的机器上进行加工，加工完成之后在同一个检测设备上检测，产品合格率为 70%。检测合格的产品被吸收，不合格的产品经过传送带送回去进行重新加工。请完成以下任务：

1. 如何使用不同的方式来区分 2 种产品；
2. 如何设置产品更方便观察；
3. 如何区分不合格的产品。

四、建模思路

该练习的主要技巧是通过对产品的颜色、形状等外观属性进行设置，来区别不同的产品。因此，需要在适当的触发器中进行设置，并根据实际需要来选择触发器的位置。例如，区分产品 1 和产品 2，至少应该在产品进入左侧暂存区后就将产品区分开，有多个触发器可供选择（可以用发生器的创建触发、离开触发，左侧暂存区的进入触发，当然也可用消息触发，见项目 13），具体选择哪个触发器有时需要综合全局来考虑。对该模型而言，不应选择暂存区的触发器，因为不合格品返工的时候进入左侧暂存区，如果在此处设置产品类型和颜色可能会改变返工产品的类型。

除了改变颜色，您还可以改变临时实体的形状。Flexsim 提供了几种备用形状，可以通过图形索引号进行修改。如果您还不满意,也可尝试在临时实体箱中新建或修改临时实体,将其 3D 图形改为您自己准备的 3D 模型。

五、操作步骤

1. 布局和连线

根据图 2-8-1 完成模型布局,按照作业流程及调用关系设置实体之间的连线。

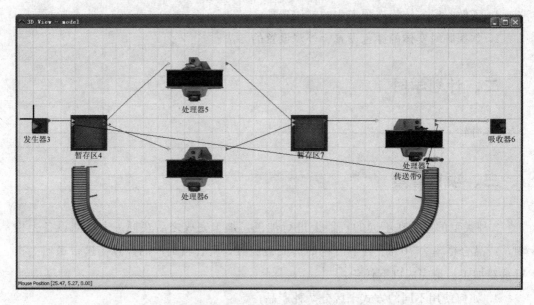

图 2-8-1 项目 8 布局及连线

2. 参数设置

(1) 2 种类型的产品在不同的机器上进行加工:在发生器的创建触发或离开触发中选择设置临时实体类型和颜色,将临时实体类型修改为 duniform (1, 2)。该函数表示从 1 到 2 的随机整数。发送至端口改为"指定端口"。运行模型,此时可以观察到两种不同类型的货物,一类为红色,另一类为绿色。此外还可以对货物的外观进行修改,在左侧暂存区的进入触发中,选择"改变3D图形",将图形索引号修改为 2,此时运行模型就会发现货物变成了圆柱体。

拓展练习:也可以通过代码的形式对货物的图形索引号进行修改,这样做能够使模型具有更多的灵活性。具体操作请参照视频 081。

(2) 产品合格率为 70%,检测合格的产品被吸收,不合格的经过传送带送回去:双击位于末端的处理器—临时实体流选项卡—发送至端口选择"按百分比",按图 2-8-2

所示进行设置。即70%的货物发往端口1，30%的货物发往端口2。其中端口1连接的是吸收器，端口2连接的是传送带。勾选"使用运输工具"。运行模型，通过观察统计数据来判断模型是否正确运行。

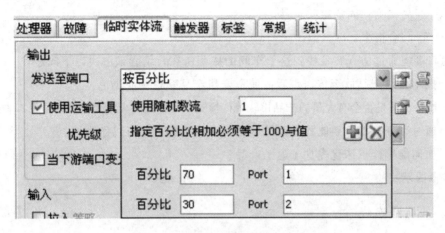

图 2-8-2　按百分比设置发生至端口

（3）区分不合格的产品：对不合格产品进行辨认，可以在传送带的进入触发或检测设备的离开触发中选择"设置临时实体颜色"，将其修改为 colorsilver（item），此时不合格产品将变成银色。

六、考核标准

考核项目	内容标准	分值
实体选用和连线	能够根据项目背景正确选用相应实体，并正确连线。	40
端口设置	能够根据现实情境对端口进行正确设定。	30
临时实体类型和颜色的设定	能够根据现实情境通过触发器对临时实体的类型、颜色和形状等进行正确设定。	30

七、拓展练习

练习内容：工厂某车间加工3种类型的产品，这3类产品分别从工厂其他车间到达该车间。这个车间有3台机床，每台机床可以加工一种特定的产品类型。产品在相应的机床上完成加工后需要送到一个公用的检验台进行质量检测。质量合格的产品就会被送到下一个车间。质量不合格的产品则必须送回相应的机床进行再加工。

系统数据如下:
(1) 产品到达:平均每5秒到达一个产品,到达间隔时间服从指数分布。
(2) 产品加工:平均加工时间10秒,加工时间服从指数分布。
(3) 产品检测:固定时间4秒。
(4) 产品合格率:80%。

我们希望通过仿真实验找到这个车间的瓶颈所在,请尝试解决以下问题:

1. 把不合格产品放至传送带后,使不合格产品颜色变成黑色。
2. 检验台前是否会有大量的产品排队等待检测?暂存区的大小对模型的结果有影响吗?
3. 通过数据分析希望能找出系统的瓶颈,有几种途径可以做到这点?
4. 如何能够让机床优先加工返工产品?

步骤提示:

1. 布局和连线

按照案例背景和建模思路拖入发生器、暂存区、处理器、暂存区、吸收器,并按照流程进行连线,如图2-8-2所示。

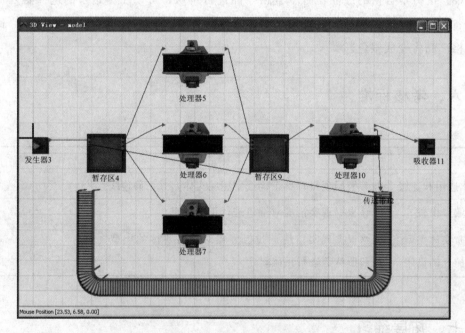

图2-8-2 模型布局和连线图

2. 设置参数

对发生器设置:3种产品设定3种类型和颜色,右键-触发器-创建触发-选择设置临时实体类型和颜色。

对第一个暂存区设置：右键－临时实体流－指定端口。

对前3个处理器设置：右键－加工时间－统计分布－指数分布，完成设定。

对检验处理器设置：右键－临时实体流－发送至端口选择按百分比。

优先加工返工产品：可以用标签值和暂存区的进入触发（根据逻辑对临时实体进行分类）来实现，参考项目10您可能会有些思路。虽然比较困难，但建议您尝试一下。

3. 统计分析

加速运行模型，观察产品是否在某处长期堆积（瓶颈），尝试优化模型，并对优化方案进行实验。

项目9 货物在货架上按指定规则进行摆放

一、实训目的

1. 学习货架的规律存放规则；
2. 理解 case 语句的含义；
3. 掌握 duniform 函数的使用方法，并能够灵活变通；
4. 尝试编写简单的代码。

二、计划学时

35 分钟

三、项目背景

宏远物流配送中心现在收到供应商送来的两种产品，需要把这两种不同的产品存放在一个 5 层 10 列的货架中。第一种类型的产品只能存放在 1 层和 2 层，第 2 种类型的产品只能存放在 3~5 层。请完成以下任务：

1. 如何使用运输工具将产品搬运到货架中？
2. 第一种产品由叉车来搬运，第二种产品由人来搬运，如何实现？

四、建模思路

货架可以对货物进行存放，货物在进入货架的时候需要选择存储的位置，这些存储位置是可以进行严格定义的，在货架的相应属性当中可以进行修改。对于不同实体类型调用不同运输工具进行搬运，这一要求可以通过使用运输工具的相应设置来实现。

五、操作步骤

1. 布局和连线

按图 2-9-1 所示对模型进行布局与连线。

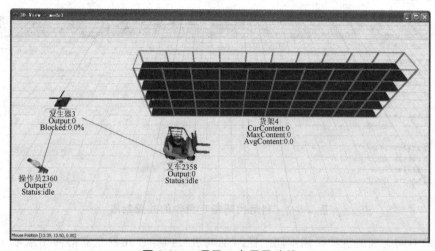

图 2-9-1　项目 9 布局及连线

2. 参数设置

(1) 设置产品类型：为发生器添加创建触发"设置临时实体种类和颜色"，临时实体类型改为 duniform（1，2），即货物的类型和颜色为 1 或 2 的随机值。

(2) 第一种类型的产品只能存放在 1 和 2 层，第 2 种类型的产品只能存放在 3 到 5 层：将货架的列数修改为 10，层数修改为 5，单击"应用基本设置"按钮。将货架的放置到层修改为"指定"，此时会发现第一类货物放置到货架的第一层，第二类货物放置到货架的第二层。按照项目的要求，第一类货物放置到货架的 1～2 层，第二类货物放置到货架的 3～5 层，因此需要在"放置到层"处进行适当修改。单击"放置到层"右侧的 图标，调出代码窗口。按照图 2-9-2 所示修改代码。

这是我们首次为大家展示代码编辑窗。其中前面几行是对 item、current 等变量进行指定，通常情况下，我们用 item 表示货物，current 表示当前编辑的实体本身。换句话说如果在货架上写代码，那么这段代码中的 current 代表货架；item 则代表正在处理的货物。至于具体是哪件货物，要看代码的位置，如果是进入触发器中的代码则指目前正进入货架的货物。图 2-9-2 是一段简单的代码。一般情况下，代码的前几行会直接给出 item 和 current 的定义，可以直接调用。第 4、5、7 行是注释内容，可删掉。该代码的思路是，先判断货物的类型 getitemtype（item）。如果类型是 1，就随机放到第

1~2层［duniform（1，2）］；如果类型是2，就随机放到第3~5层（duniform（3，5））。

由于duniform（）函数能够生成最小参数到最大参数的随机整数，因此利用该函数可以达到题目的要求。如果您希望深入了解诸如duniform等函数的用法，最好的办法是通过Flexsim自带的帮助文件来学习。本书配套论坛中为您准备了中文的函数帮助文件，希望能助您一臂之力。

图2-9-2 利用代码指定货物的放置到层

（3）不同类别的货物采用不同的搬运工具进行搬运：在发生器的使用运输工具中，选择"根据命令返回值选择不同中间端口连接的运输工具"。单击加号按钮 新增两行，将case2对应的port值修改为2。这项操作是根据函数的返回值来选择不同的运输工具，进行判断的函数是getitemtype（item），也就是临时实体的种类。当临时实体种类为1时（case1），由第一个中间端口（port1）所连接的运输工具进行运输；当临时实体种类为2时，由第二个中间端口所连接的运输工具进行运输。

六、考核标准

考核项目	内容标准	分值
实体选用和连线	能够根据项目背景正确选用相应实体，并正确连线。	10
产品类型设定	能够根据案例要求对产品类型进行正确设定。	20
指定货物摆放位置的设定	能够根据案例情境设定货物在货架上的摆放位置，步骤清楚、代码正确。	40
搬运工具设定	能够根据案例情境设定所需要的搬运工具，步骤清楚、代码正确。	30

七、拓展练习

练习内容：如果 2 种不同的产品存放在一个 5 层 10 列的货架中，第一种类型的产品只能存放在 1 层和 2 层，第 2 种类型的产品只能存放在 3 层或 5 层。

请用现有的知识解决此问题。

项目 10　用多种方法设定不同产品的加工时间

一、实训目的

1. 学会使用可视化工具对多个实体组成的模块进行快速复制；
2. 学会使用多种方法进行参数的设定；
3. 学会利用可视化工具对运行数据进行动态展示；
4. 进一步理解全局表的作用；
5. 学会复制高亮实体属性的方法。

二、实训时间

50 分钟

三、项目背景

有 5 种不同类型的产品在同一台设备上加工，不同类型产品的加工时间不同，产品加工完成之后直接被吸收掉。请完成以下任务：

1. 使用临时实体类型、标签值、全局表三种方法来指定产品的加工时间；
2. 显示设备的加工时间、利用率和输出。

四、建模思路

利用可视化工具可以对多个实体进行快速复制。在该案例中尝试使用临时实体种类、临时实体标签和全局表三种方法对不同类型的产品设置不同的加工时间，并利用可视化工具可以对加工时间、设备利用率等数据进行实时展示。

五、建模步骤

1. 布局和连线

按照布局要求,对模型进行布局和连线,如图 2-10-1 所示。

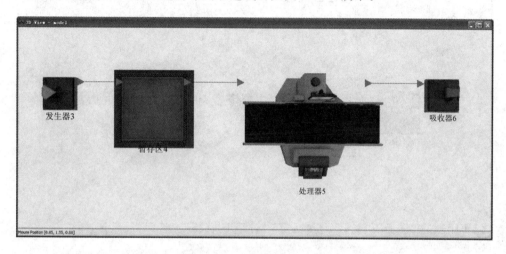

图 2-10-1　项目 10 布局图

2. 模块的复制

在模型中拖入可视化工具,按住 Shift 键对其他实体进行框选。单击视图—建模应用—编辑选中实体。单击可视化工具,使其四周出现黄框,选择"移入高亮实体中"。此时,红色框选的实体已经被移入可视化工具,我们将这些实体称为一个模块。拖动可视化工具时,该模块的其他实体将一起移动。单击可视化工具,按"Ctrl+c"和"Ctrl+v"可以对该模块进行快速复制,如图 2-10-2。

3. 设参数

(1)模块一根据临时实体种类设定加工时间:双击发生器—触发器—创建触发,选择"设置临时实体的类型和颜色",临时实体的类型改为"duniform(1,5)",表示随机产生类型为 1-5 的临时实体。在处理器的加工时间选择"根据返回值选择不同的 case",这个参数按照临时实体种类 getitemtype 进行判断,按照不同的 case 值修改加工时间。同时,可以利用可视化工具显示该模块的名称,例如,可以将其设置为"itemtype",代表该模块是根据临时实体类型设定加工时间的。

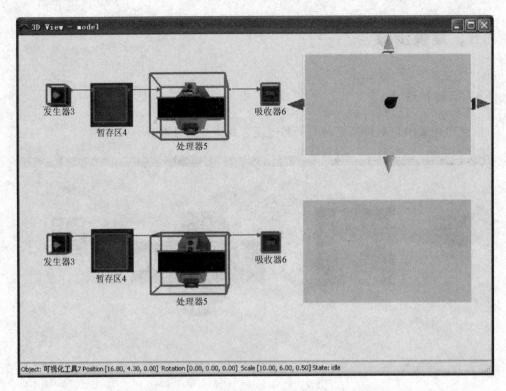

图 2-10-2　利用可视化工具快速复制模块

（2）模块二根据临时实体标签设定加工时间。双击发生器－触发器－创建触发，选择"创建并初始化标签"，设置为 duniform（1，5），标签名称改为"type"或其他有含义的名称。此时在产生新的临时实体时将会增加名为"type"标签，标签值为 1-5 的随机整数。为了便于观察临时实体的标签值，可以按照标签值的不同对临时实体的颜色进行设定。双击发生器－触发器－离开触发，选择"设置临时实体的颜色"。把参数中的"label"改为前面为临时实体创建的标签名称"type"，如图 2-10-3 所示。颜色设置为 colorarray（item，value），意思为按照临时实体标签值为临时实体设置颜色。

接着对可视化工具进行修改，显示文本"lable"，表示第二个模块按照标签值进行加工时间的设定。双击处理器－加工时间，选择根据返回值执行不同的 case。对每种 case 设定对应的时间，如图 2-10-4。

（3）通过全局表设定加工时间：新建 1 行 5 列的全局表，将预定的加工时间输入全局表中。在模块一中双击处理器－加工时间－查询全局表，把表格名称更改为新建的全局表名称，行改为 1，列改为"getitemtype"。其含义表示当判断加工时间时，首先找到该全局表的第 1 行，按照临时实体的类型找到相应的列，根据该列显示的数值设定加工时间。

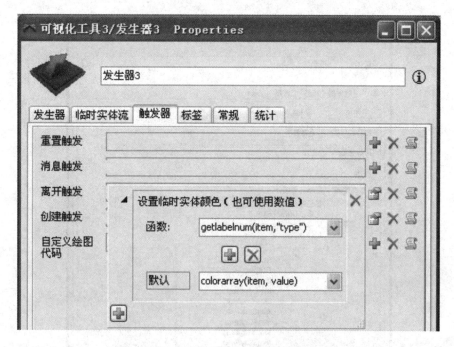

图 2-10-3　通过标签值设置临时实体颜色

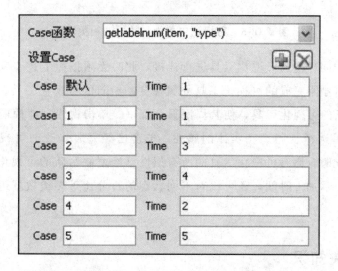

图 2-10-4　通过标签值设置处理器加工时间

（4）为了对加工时间进行实时观察，可以利用可视化工具对加工时间进行展示。在第一个模块中拖入可视化工具，与处理器进行 S 连接。可视化显示选择"文本"，文本显示选择"显示实体统计"，将统计内容改为"CurrentProcessTime"（当前的处理时间），如图 2-10-5 所示。

图 2-10-5　可视化工具进行统计的相关设置

在模块二中同样拖入可视化工具进行连接，此时无须按照上述步骤再次进行复杂的操作，只需将刚刚完成的可视化工具的属性复制给新的可视化工具。操作如下：按住 Ctrl，选择新的可视化工具，使其周围显示红框。单击视图—建模应用—编辑选中实体，下拉菜单选择复制高亮实体的属性。单击已经完成修改的可视化工具，单击"所有变量"。此时，原有可视化工具的所有属性已经复制给新的可视化工具。可视化工具除了能够显示加工时间，还可以对不同状态的百分比等多类数据进行展示，您可以自行尝试。

六、相关知识

可视化工具

可视化工具可以采用3D模型、文字和展示幻灯片来装饰模型空间，目的是给模型添加更为逼真的外观。可视化工具的另一种用法是用作模型中其他实体的容器实体，即建立模块。或者说，您可以把一些实体"装"进可视化工具，这样，这些实体就"变成"了可视化工具的一部分，与可视化工具连成了一个整体。您对可视化工具进行移动、复制时，其内部的那些实体也会跟着被移动或复制。

七、考核标准

考核项目	内　容　标　准	分值
实体选用和连线	能够根据项目背景正确选用相应实体，并正确连线。	20
多种方法设定产品的加工时间	能够正确使用临时实体类型、标签值、全局表来设定产品的加工时间，步骤清楚、代码正确。	50
可视化工具	能够正确使用可视化工具对数据进行观察。	30

八、拓展练习

练习内容：用三种设备来加工 5 种不同类型的产品，同一产品在不同设备上的加工时间不同，同一设备加工不同产品的时间也不相同，如下表所示。

产品在设备上的加工时间

	设备 1	设备 2	设备 3
产品 1	3	4	2
产品 2	5	8	6
产品 3	4	9	5
产品 4	7	10	8
产品 5	8	3	5
产品 6	2	1	8

请参考前面的步骤结合视频用全局表设定不同设备的加工时间，并用可视化工具观察设备的利用率。完成模型的搭建并写出详细的操作步骤（具体操作见视频 102 拓展）。

项目11 对三个订单不同产品的分拣和堆码

一、实训目的

1. 练习使用全局表；
2. 学会使用任务分配器；
3. 理解合成器的组件列表。

二、实训时间

50分钟

三、项目背景

宏远物流仓库中存有3种产品，现在有三家客户下订单要求配送这三种产品，每个订单所需要的各类产品数量如图2-11-1所示。

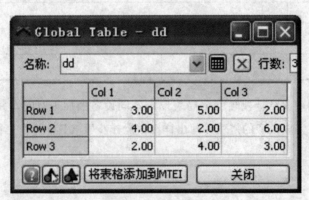

图2-11-1 订单信息

实训任务：
1. 请模拟根据不同的订单对产品进行拣选、堆码，不同的订单堆码的时间不同；
2. 堆码后的订单通过传送带发送至不同的目的地等待装车。

四、建模思路

本项目与项目 6 类似，但在本项目中，提供了一些新的方法，并详细介绍了合成器组建列表等知识点。相信在项目 6 的基础上，您会对订单处理模型形成更深的理解，这是完成综合项目三的秘籍之一。

合成器可以模拟货物的打包、装箱的过程，在该案例中需要使用合成器模拟根据不同订单对产品进行拣选、堆码的过程。

首先由发生器产生 3 种类型的产品，分别放在 3 个不同的货架上作为要拣选的货物。由合成器的组件列表指定每个订单要配送的产品，操作员按照指令从货架上取出货物搬运至合成器。同时由另外一个发生器产生托盘至合成器，把分拣出的货物在托盘上进行堆码。把按订单堆码后的产品发送到 3 个指定的端口等待装车。

当模型需要调用从多个运输工具中调用某一个进行搬运操作时，需要用到任务分配器。本案例将调用 2 个操作员中的某一个来搬运货物，适合使用任务分配器。

五、建模步骤

1. 布局

按照上述建模思路和案例背景进行布局，如图 2-11-2 所示。3 个货架存放 3 种类型的产品，两个发生器分别产生货物和托盘，中间的合成器完成按订单进行堆码的操作。2 个操作员负责搬运货物，码垛好的货物通过传送带发往 3 个不同的目的地（传送带）等待装车（合成器）。装车之后直接进入吸收器。

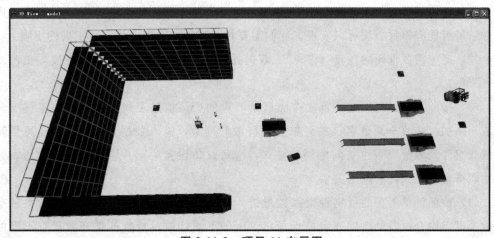

图 2-11-2　项目 11 布局图

2. 连线

按照模型流程和调用关系进行连线，如图 2-11-3 所示。其中货架向合成器发送货物时需要调用 2 个操作员来完成，此时需要用到任务分配器。首先将货架与任务分配器进行 S 连接，再将任务分配器分别与 2 个操作员进行 A 连接。将货架设置为使用运输工具，即可按照任务分配器的分配策略调用 2 个操作员。

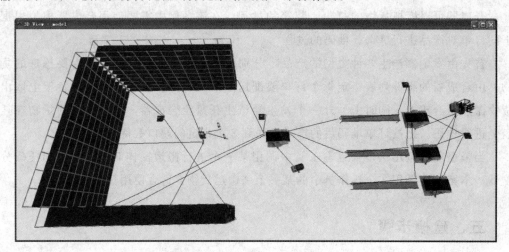

图 2-11-3　项目 11 连线关系

3. 参数设置

（1）产生三种类型的货物存入对应货架：双击发生器—触发器—创建触发—设置临时实体类型和颜色；按照不同的货架进行存放：双击发生器—临时实体流—发送至端口，选择"指定端口"。您的思路也许与此不同，项目 6 中提供了另一种方法。由于任务背景没有对货架之前的环节进行要求，所以项目 6 的方法也能实现。在建模时同一种结果可能有多种方法可以实现，我们需要判断哪种方法更方便，可扩展性更强。

（2）产生需要堆码的托盘（订单）：双击托盘发生器—触发器—创建触发，更改成 3 个订单。

（3）按照订单进行拣选：首先按照订单要求的产品信息表建立全局表，工具—全局表—添加。修改全局表名，按订单更改行数和列数，输入数据。此时，应注意更新合成器组件列表过程中建立的全局表格式，应将订单设置为列，将产品设置为行，这样才能符合系统默认的调用关系。

（4）按照订单所需的货物种类和数量进入合成器进行堆码：堆码所需的货物种类和数量可以由合成器的组件列表进行指定。由于不同订单对货物种类和数量有不同的要求，所以，当订单进入合成器后需要根据订单种类调整组件列表。双击合成器—触发器－进入触发－更新合成器组件列表，把 tablename 修改为所建立的全局表名。

该过程的运行逻辑是：当合成器的第一个输入端口向合成器输入临时实体后，合成器的组件列表（参考"相关知识"）将根据该临时实体种类按照相应的全局表进行调整，进而对订单所需要临时实体进行拣选和堆码（加工）。然后将堆码后的临时实体输出到下游环节。接下来上述循环过程将再次发生，这样能够保证每次堆码的数量与订单所规定的数量相符。

（5）堆码后根据订单的类型发送到不同的目的地，可以在发送至端口中按照临时实体类型进行发送。

（6）不同的订单堆码的时间不同：将合成器的加工时间设置为"根据返回值执行不同的 Case"。按照临时实体类型设置不同的加工时间，即堆码时间。

六、相关知识

1. 合成器组件列表

是指合成器的目标处理数量，在合成器－合成器选项卡中可以看到组件列表清单。该清单的默认值都是1，其含义是以第一个输入端口进入的临时实体作为容器，该容器中装入的数量如下：从第二个输入端口输入的临时实体需要的数量为1，从第三个输入端口输入的数量为1，以此类推。当对目标数量进行修改后，所需装载的相应输入端口进入的临时实体数量也将发生变化。因此，在对该组成清单进行动态修改后，即可按照订单要求的不同数量组合对临时实体进行打包。

2. 任务分配器

任务分配器用来控制一组运输机或操作员。当固定实体需要发送临时实体时会给任务分配器下达一个搬运指令，称为任务。有些情况下，任务接踵而至，来不及处理，则会依照任务的优先级、先占值和任务下达的时间排队等待任务分配器进行处理，这个队列称为任务序列。任务分配器按照一定的策略将任务序列分配给与其输出端口相连的运输工具。最终接收到请求的运输工具将执行任务序列。

值得一提的是，所有任务执行器都可以作为任务分配器。这意味着所有的操作员或者运输机都可以扮演任务分配器或者团队指挥的角色，给组中其他成员分配任务序列，同时自己也执行任务序列。

七、考核标准

考核项目	内 容 标 准	分值
实体选用和连线	能够根据项目背景正确选用相应实体，并正确连线。	20
任务分配器	能够正确使用任务分配器。	20
多种产品的设定	能够对多种产品进行设定，指定颜色或者类型。	20
按订单拣选	能够使用全局表按订单进行拣选，调用关系设定正确，理解调用关系。	30
合成器堆码	能够实现不同的订单具有不同的堆码时间。	10

八、拓展练习

练习内容：在本案例的基础上，如果需要把堆码完成的订单分路向进行装车；不同的订单，每车所装的货物数量不一样，装车时间也不一样，请模拟该过程。

项目 12　为仓库设定最高和最低库存水平

一、实训目的

1. 学习输入和输出端口的打开和关闭方法；
2. 理解打开和关闭端口的作用。

二、计划学时

45 分钟

三、项目背景

宏远物流仓库中存放着四种类型的产品，每种产品存放在不同的货架中，每种产品的库存量保持在 4~10 的恒定水平。该如何给仓库设置一个最高库存和最低库存量？

四、建模思路

一般情况下，可以认为输入和输出端口是固定实体间进行临时实体输送的"城门"。如果将"城门"关闭，临时实体流动的通路将被切断，无法正常流动。因此，关闭和打开输入/输出端口是控制临时实体流动的重要方法，需要对此进行深入的理解，并掌握操作方法。

针对"货架中货物的库存量保持在一个恒定的水平"这一要求，其设置的思路如下：当货物进入货架时，判断货架中的货物数量。当货物数量未超过最低值时关闭输出端口，使货物只能进不能出；当货物超过最低值时打开输出端口，允许货物出库；当货物数量达到最高值时关闭输入端口，使货物只出不进。货物离开货架时，判断货架中货物的数量。当货物数量低于最高值时打开输入端口，允许货物入库；当货物数量降到最低值时关闭输出端口，使货物只进不出。需要注意的是，在离开触发中判断货架中货物的数量时，包括了即将离开货架的那箱货物，所以在离开触发的判断式中应把该箱货物考虑在内，即把数量增加 1。

五、操作步骤

1. 布局和连线

按照图 2-12-1 进行布局。可以利用可视化工具对货架模块进行快速复制。按照流程要求和调用关系建立正确的连线。

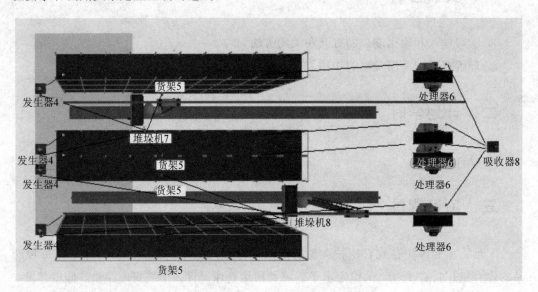

图 2-12-1　项目 12 布局及连线

2. 参数设置

双击货架－触发器选项卡,在进入触发中选择"关闭和打开端口"。需要注意在 6.0 版本中,由于汉化版的一些漏洞使得该操作无法经过点选直接完成,需要在代码行中进行修改,代码设置如图 2-12-2 所示。在进入触发中,首先判断货架中货物的数量,即 content（current）。根据建模思路,当货物数量小于等于 4 时,关闭输出端口（closeoutput）；当货物数量大于 4 时,打开输出端口（openoutput）；当货物数量大于等于 10 时,关闭输入端口（closeinput）。

在离开触发中,如果货物离开后货架内的货物数量小于 10,则打开输入端口；如果货物离开后货架内的货物数量小于等于 4,则关闭输出端口。代码如图 2-12-3 所示。这样可以使货架中货物的数量保持在 4－10 的水平。

```
1 treenode item = parnode(1);
2 treenode current = ownerobject(c);
3 int port = parval(2);
4
5 if(content(current)<=4)
6     closeoutput(current);
7 if(content(current)>4)
8     openoutput(current);
9 if(content(current)>=10)
10    closeinput(current);
```

图 2-12-2 进入触发中的代码

```
1 treenode item = parnode(1);
2 treenode current = ownerobject(c);
3 int port = parval(2);
4
5 if(content(current)<11)//即当货物离开后
6                       //货架内的货物数量<10时
7    openinput(current);
8 if(content(current)<=5)//即当货物离开后
9                       //货架内的货物数量<=4时
10   closeoutput(current);
```

图 2—12—3 离开触发中的代码

观察统计值，判断所设计的逻辑是否正确。选中其他货架，将已设定好的货架属性复制到其他货架。视频 121 尝试了不同设置，请考虑重置出发可以起什么作用，分析视频中的设置是否可行。

六、考核标准

考核项目	内 容 标 准	分值
实体选用和连线	能够根据项目背景正确选用相应实体,并正确连线。	30
模型运行正常	模型能够顺利运行。	10
触发器	能够正确编写触发器的代码,货架统计数据显示的最大容量为10。	40
复制属性	能够将设置好的货架代码复制给其他货架。	20

项目 13　关闭网络节点侧边

一、实训目的

1. 对网络节点的功能进一步认知；
2. 学习网络节点侧边的控制方法；
3. 区分网络节点的侧边和其余实体的输入、输出端口；
4. 理解和使用消息触发；
5. 进一步体会 S 连接的作用。

二、计划学时

25 分钟

三、项目背景

操作员按照指定的线路从车上搬运箱子到暂存区，请完成以下任务：

1. 让操作员到达左侧的网络节点时停留一段时间后，再继续往前行走；
2. 让操作员到达中间的网络节点后关闭暂存区的输入端口，并在一段时间后打开暂存区的输入端口。

四、建模思路

我们可以用发生器来模拟箱子的到达。操作员按照指定的线路搬运箱子到达暂存区，可以在发生器和暂存区之间用网络节点指定搬运的路线。操作员到达左侧网络节点停留一段时间再继续前行，可以通过关闭和打开网络节点的侧边节点进行控制。

关于网络节点的使用在项目 5 中已经有过相应的介绍，网络节点用于指定运输工具的行走路径。建立好网络节点之后需要将网络节点之间进行 A 连接以形成完整的网络，并且将需要使用该网络的固定实体连入该网络，操作方法是将相应固定实体与相邻的网络节点进行 A 连接。网络节点的侧边是网络节点特有的一个概念，当网络节点 X 与网络节点 Y 进行 A 连接后，网络节点 X 即出现了一个网络节点侧边，其编号为 1；继续将网络节点 X 与网络节点 Z 进行 A 连接后，网络节点 X 又会出现一个新的侧边，其编号为 2；以此类推，当网络节点 X 与 n 个网络节点进行 A 连接后网络节点 X 将拥有 n 个侧边，按照侧边编号可以对相应的侧边进行关闭或打开操作。网络节点侧边的关闭可以将网络在逻辑上断开，打开网络节点侧边后，可以将网络在逻辑上重新连接，由此可以实现运输工具在网络节点上的停留和继续前进。但是，关闭侧边节点后需要等一段时间再将侧边节点打开，这该如何实现呢？消息触发机制是解决此类问题的利器。

五、操作步骤

1. 布局和连线

按图 2-13-1 所示进行布局。将发生器与暂存区进行 A 连接，发生器与操作员进行 S 连接，拖入网络节点，依次将发生器、网络节点、暂存区进行 A 连接，并将某网络节点与操作员进行 A 连接。

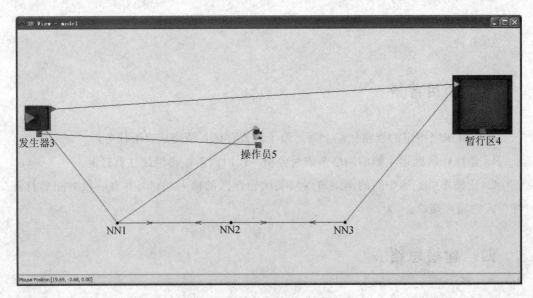

图 2-13-1　项目 13 布局图

2. 参数设置

双击网络节点 NN1，在触发器选项卡的到达触发中选择"关闭节点侧边"，即将操作员前进的道路断开。运行模型会发现操作员到达 NN1 后停止前进。

为了使操作员在一段时间后继续前进，可以利用延迟消息触发和打开节点侧边命令来实现。在这里可以由网络节点 NN1 向自身发送消息，并在其消息触发中打开节点侧边。网络节点 NN1 向自身发送消息的具体操作步骤如下：在触发器选项卡的到达触发中选择"发送延迟消息"。因为消息是发送至网络节点 NN1 本身的，所以将其修改为 current，延迟时间设定为 10，即 10 秒后网络节点 NN1 会向自身发送一条消息。如图 2-13-2 所示：

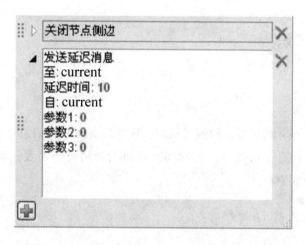

图 2-13-2　网络节点 NN1 向自身发送延迟消息

在网络节点消息触发中没有提供"打开节点侧边"的选项，因此需要在网络节点 NN1 消息触发的命令行中直接键入代码，如图 2-13-3 所示。这样当 NN1 接收到消息后会打开节点侧边。

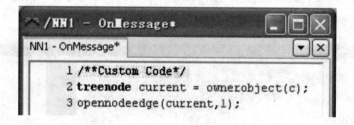

图 2-13-3　打开节点侧边

此时运行模型会发现，操作员在到达 NN1 后侧边关闭（相应侧边上的绿色圆点变为红色），操作员停止前行；经过一段时间之后侧边打开，操作员继续前进。在模型运行一段时间后如果仔细观察会发现，从操作员停止前行到继续前行的时间间隔并不一定是 10 秒，而是小于 10 秒的一个固定值，请考虑这是什么原因造成的？

在模型运行一段时间后如果仔细观察会发现，从操作员停止前行到继续前行的时间间隔并不一定是 10 秒，而是小于 10 秒的一个固定值，请考虑这是什么原因造成的？

通过将网络节点与暂存区进行 S 连接，可以实现网络节点与暂存区之间的相互调用。该练习的第二个要求同样可以参考以上方法实现。具体操作见视频 131。当暂存区输入端口关闭时，输入端口处显示一条红色的横杠，这说明模型设置正确。但是端口的关闭并未影响操作员的行进,这是因为关闭端口前操作员已经接到搬运指令,只要搬运通路是通畅的,操作员就可以顺利完成这次搬运任务。而关闭端口的作用是,在关闭端口期间,暂存区不再接受新货物的进入请求。如果将该操作中 NN2 的消息延迟时间变长到 100 秒,模型的运行将会发生变化。

六、相关知识

1. 发送消息

发送消息是 Flexsim 中的一种触发机制,在固定实体收到消息后可以执行相应的消息触发。所谓延迟消息是指经过一段时间之后再发送消息,而发送消息则是立即发送消息,这是二者的区别。

2. 网络节点间的 D 连接

网络节点间的 D 连接又称为敏感连接。运输工具该连接所建立的通路中可以在任意位置将货物卸载。如图 2-13-4 所示,网络节点 NN1 和 NN2 间建立了 D 连接,发生器产生的货物通过操作员搬运到某个暂存区。而操作员已经连入了网络路径,由于在 D 连接的情况下操作员可以在 NN1 到 NN2 的连线中的任意位置停留,所以操作员会直接沿最短路径将货物搬运到暂存区。如果将该连接改为 A 连接,情况将会发生变化。操作员搬起货物后会先由 NN1 走向 NN2,再由 NN2 走向暂存区。

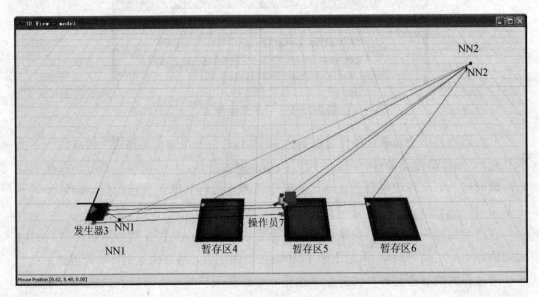

图 2-13-4　D 连接实验

七、考核标准

考核项目	内 容 标 准	分值
实体选用和连线	能够根据项目背景正确选用相应实体,并正确连线。	20
节点侧边	正确进行打开和关闭网络节点侧边的设定。	40
消息触发	正确发送延迟消息,并根据消息打开节点侧边。	40

八、拓展练习

1. 让操作员到达中间的网络节点 NN2 时停留一段时间后,再继续往前行走;

2. 本书光盘中提供了使用 D 连接的仿真模型,该模型借助网络节点实现了堆垛机沿曲线行驶的效果。感兴趣的同学可以尝试建立此模型。

项目 14　货物的拆箱、贴标和入库

一、实训目的

1. 体会用递增值读写全局表数据的方法；
2. 学习从全局表中读取数值和写入数值。

二、计划学时

50 分钟

三、项目背景

利达公司采购的小花朵碗入库前都需要拆箱，重新贴上利达公司的标签才能入库，每箱被随机拆成 1～5 份不等。拆分后的小花朵碗经过传送带到达加工区进行贴标签，每份贴标的时间为 2 秒。贴标后的小花朵碗被随机分配到 5 个暂存区等待装入托盘后入库。5 个暂存区的每托盘所装数量分别为 6 件、3 件、4 件、5 件、2 件。

请完成以下任务：
1. 对上述过程进行仿真模拟；
2. 统计入库前拆箱的数量和拆箱后的份数；
3. 统计仓库中存放的货物量。

四、建模思路

用发生器产生到达的货物，使用分解器对整箱货物进行分解。通过对分解器的设定使每箱被分解成 1～5 份不等的货物。货物的贴标过程用处理器进行模拟，贴标完成后的货物装入托盘后入库即可。模型需要对每天拆箱的数量进行统计，对仓库中存放的货物量进行统计，这些数据都可以通过全局表进行记录。

五、建模步骤

1. 布局

按照项目背景和建模思路进行布局，拖入 2 个发生器、分解器、传送带、处理器、5 个暂存区、5 个合成器和货架，如图 2-14-1 所示。

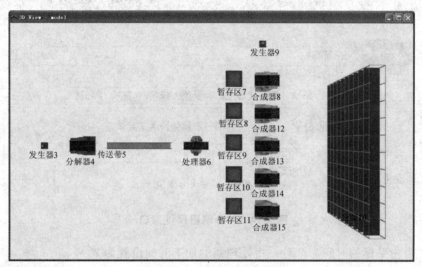

图 2-14-1　项目 14 布局图

2. 连线

按照模型流程和调用关系进行连线，如图 2-14-2 所示。

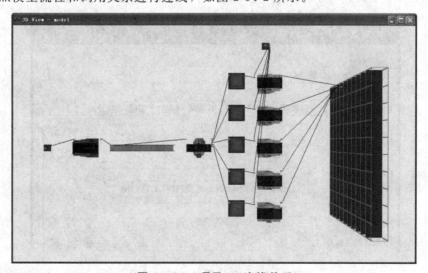

图 2-14-2　项目 14 连线关系

3. 参数设置

（1）每箱被随机拆成1～5份不等：双击分解器－分解器－选择"分解"。在Split/Unpack Quantity中选择"指定数量"，将拆分/拆包数量设置为duniform（1，5），即每次分解的数量为1－5的随机整数。如图2-14-3所示。也可以点击右侧的程序代码，在代码窗口中输入函数。因为在代码窗口输入函数时会有提示，对初学者来说会比较方便。

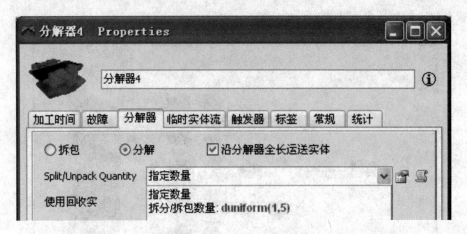

图 2-14-3　分解器属性窗口

（2）每份贴标的时间为2秒：将处理器的加工时间设置为2。

（3）统计入库前拆箱的数量：添加全局表"原材料"设置为1行2列，选择"重置时清除"。双击分解器－触发器－进入触发，选择"递增值"，递增位置选择"gettablecell"。将此处的tablename修改为刚命名的全局表名"原材料"。递增的值为1，如图2-14-4所示。此时，每当货物进入分解器后，全局表原材料的第一行第一列将增加1。

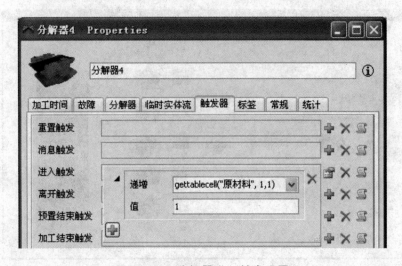

图 2-14-4　分解器进入触发设置

使用同样的方法在传送带中修改全局表"原材料"的第一行第二列。双击传送带—触发器—进入触发，选择"递增值"。递增位置修改为gettablcell("原材料",1,2)，递增的值仍为1，如图2-14-5所示。因为货物被拆箱后是逐份进入传送带的，所以每份货物进入传送带时全局表的第二列都会增加1，也就能够将拆箱后的份数进行记录了。实际上，如果对分解器的离开触发采用同样设置也能实现相同的效果。

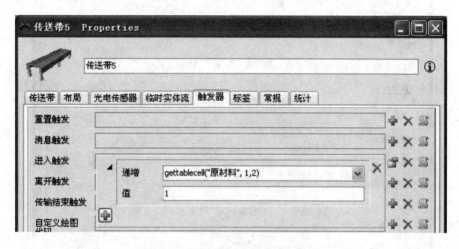

图 2-14-5　传送带进入触发设置

此时，可以对数据进行观察，以检验设置是否正确。打开全局表"原材料"，运行模型，即可观察到分解前和分解后的数量在不断更新，如图2-14-6所示。

图 2-14-6　查看原材料全局表

（4）统计仓库中存放的货物量为多少：添加全局表命名为"存货"，设置为1行2列，如图2-14-7所示。

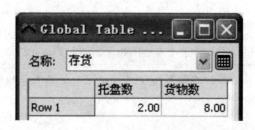

图 2-14-7　查看存货全局表

同样可以利用递增值记录进入货架的托盘数。需要注意的是，进入货架的货物数量需要通过读取托盘（item）中的货物数［content（item）］进行记录。操作方法如图 2-14-8 所示。

图 2-14-8　货架进入触发设置

递增值只是对全局表进行写入操作的方法之一。除此之外，还可以通过 settablenum、setnodenum 等函数对全局表进行写入。感兴趣的同学可以参考 Flexsim 操作指导手册进行练习。

（5）5 个暂存区的每托盘所装数量分别为 6 件、3 件、4 件、5 件、2 件；按不同的打包数量依次修改各合成器的组件列表。运行一段时间后，就可以通过"存货"表实时观察到货架中的托盘数和货物数了。

六、考核标准

考核项目	内容标准	分值
实体选用和连线	能够根据项目背景正确选用相应实体，并正确连线。	20
货物的拆分	会对每箱货物的拆零作业进行设定，逻辑关系和代码正确。	20

续表

考核项目	内容标准	分值
统计拆箱数据	会使用全局表和递增值函数对入库前拆箱的数量和拆箱后的份数进行统计。逻辑关系和代码正确,并会查看统计数据。	30
统计货架中存放的货物数量	会使用全局表和递增值对货架存放的托盘数和货物数进行统计。逻辑关系和代码正确,并会查看统计数据。	30

第三部分　配送中心布局仿真综合篇

项目1　日用品仓储配送中心布局设计与仿真实训

一、实训目的

1. 掌握配送中心布局和规划的步骤和方法；
2. 会用物流量从至表法进行功能区域的计算与布置；
3. 会结合动线分析对区域布置进行调整；
4. 会计算托盘就地堆码和货架存放等不同存放方式下所需要的仓储面积；
5. 会计算配送中心其他作业区域面积；
6. 体会仿真模型在布局规划中的作用；
7. 能够结合仿真数据，比较不同布局方案的优劣。

二、计划学时

8学时

三、项目背景

最近一段时间，东城日用品配送中心企业发展部的王经理忙得焦头烂额，他正在紧张地筹划配送中心新址的建设工作。由于地铁施工原址将要进行拆迁，要在5个月内将配送中心的全部工作转移到新址。

经过对多个备选地址的综合权衡，配送中心决定将新址选在东开发区，是一处闲置的仓库。新址的建设需要考虑如下内容：

1. 新址东侧紧邻珠峰大道，西侧和北侧是园区内规划路，南侧是月台，宽 3 m，出入库口在同侧。配送中心东西长 350 m，南北长 100 m，仓库高度 10 m，照明设备全部采用吸顶灯。仓库没有窗户。

2. 各种商品之间没有很大的影响，且均无特殊储存要求。

3. 规划期内产品结构不发生大的变化。

4. 入库货物分为日化品和纸品两大类，每类产品入库前进行统一包装。如图 3-1-1 所示，日化品包装箱高 0.3 m，底面为 0.5 m×0.4 m；纸品包装箱高 0.4 m，底面为 0.5 m×0.4 m。使用托盘堆码时要求总高度不能超过 1.5 m，且货箱不能超出托盘边界。

图 3-1-1　日化品和纸品包装箱

5. 库内总品项数有 5000 余种，假定各供应商的品项数与出货量成正比。表 3-1-1 为按照历史数据预测的各主要供应商销售量及库存周转率。

表 3-1-1　2001 年各供应商总销售量及周转率　　　单位：箱

	总销售量	周转率	备　注
宝洁	4890100	12	日化产品
强生	2037300	13	日化产品
雕牌	659760	13	日化产品
维达	444690	14	纸品
红叶	245530	13	纸品
金佰利	99380	12	纸品
考虑 18% 的放宽比			

经过研究，管理层已经决定了该配送中心将设置的区域，包括接货区、验收区、日化品存储区（宝洁、强生、雕牌）、纸品存储区（维达、红叶、金佰利）、流通加工区、发货区，各区工艺流程和物流量如图 3-1-2 所示。

现在，王经理需要综合考虑产品周转率、产品特性、包装单位关系条件等因素，完成库内布局方案的设计。王经理将工作进行了细分，其中有一些任务需要您来完成。

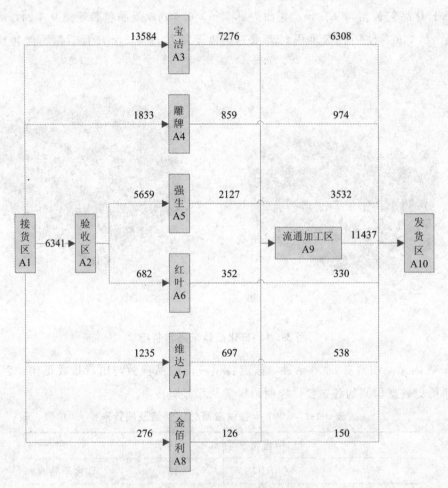

图 3-1-2　各区工艺流程和物流量

任务一：用物流量从至表法进行功能区域的总体布置。（要有计算步骤）

任务二：计算配送中心的基本储存能力。仓库内以托盘作为基本储存单位，托盘尺寸为 1200 mm×1000 mm×120 mm，根据已知数据计算规划仓容量（以托盘为单位）。

任务三：按照存储方案计算仓储区域面积。

配送中心决策层目前暂不考虑使用自动化立体库，仓储管理部给出了如下三种存储方案供企业发展部参考。请根据不同方案的数据分别计算各方案所需的仓储区域面积,并选择可行的方案。

方案一:采取托盘就地堆码堆放一层。叉车存取作业所需空间和中枢型通道约占全部面积45%,请计算大致所需的仓储面积。

方案二:采取托盘就地堆码堆放二层。叉车存取作业所需空间和中枢型通道约占全部面积50%,请计算大致所需的仓储面积。

方案三:货物在库内采取上货架存放。经过询价和比对,有三家企业的货架适合该配送中心。货架相关数据如表3-1-2所示。

表 3-1-2 备选货架相关数据

供应商名称	层数 L	层高 H	列数 Z	列宽 P2	每列存放托盘数	侧向通道 W2	叉车直角存取通道 W1	货架单位宽度 P1
企业 A	3.0	1.6	5.0	2.8	2.0	3.0	3.0	1.5
企业 B	4.0	1.8	6.0	3.0	2.0	3.1	3.0	1.4
企业 C	6.0	1.5	10.0	2.9	2.0	3.0	3.0	1.5

考虑到房屋高度请选定货架规格,并计算仓储面积。

任务四:绘制配送中心的总平面布局图。根据以下要求按照关联性分析的方法对配送中心内部进行总体布局,确定配送中心各功能区域所需面积,绘制配送中心平面布局图。

根据经验,有一部分商品出货时需要拆零作业,需通过设置拣选区满足其拣选出货的要求,拣选区的面积定位 816 m²。

货物流量有一部分需要进行刷贴标签等简单的流通加工,强生、红叶的货物需要全部进行进货验收,企业货物免予验收,具体数据参考前文的物流量图。区内还需设有办公场所、休息场所、叉车停靠场所等场所。

结合配送中心基本作业流程完成配送中心总体布局,同时,确定各功能区域的位置关系。除储存区外,其余区域的面积可自行设定,但需说明理由。

任务五:将布局图导入本书提供的仿真模型,按视频所示修改模型并运行,得到模型运行结果。晒一下各组的仿真结果,对比一下叉车行走的总里程。我们姑且认为,叉车行走总里程最短的组的方案最优。比较一下总里程最短的布局方案和总里程最长的布局方案存在哪些差异,在理论上能否支持最优方案的优越性?

四、考核标准

考核项目	内　容　标　准	分值
任务一	物流量从至表法计算正确，区域布局合理，满足动线要求。	20
任务二	规划仓容量计算正确、步骤详细、思路清晰。	10
任务三	三种堆码方案的仓储面积计算步骤详细、思路清晰。	40
任务四	配送中心其他区域面积计算有理有据，总平面布局图绘制清晰、美观、布局合理。	10
任务五	能够利用仿真模型对配送中心布局方案进行仿真，会查看和分析仿真数据，并能够根据结论评价布局方案的优劣。	20

五、拓展练习

练习内容：如果考虑到柱子的影响，请尝试分析您的结论是否会变化。

仓库东、南、西侧没有窗户，北侧有窗户。南北墙之间有 9 根柱子，南北柱间距 10 m，东西柱间距 17.5 m，柱截面尺寸为 0.8 m×0.9 m，东西长，南北短。堆垛与柱子之间的距离不小于 0.3 m，离窗户不小于 1 m。

项目 2　自动化立体库布局设计与仿真实训

一、实训目的

1. 学会绘制立体库平面布局图；
2. 按照作业流程完成立体仓库的布局；
3. 综合使用前面所学方法进行快速建模；
4. 按照作业流程对参数进行正确设定；
5. 能够发现系统瓶颈，并提出优化建议；
6. 能够根据仿真数据分析布局的合理性。

二、计划学时

8 学时

三、任务背景

宏远物流配送中心拟新建一个立体仓库，战略部已经完成了立体库的布局规划方案，设计了货物的出入库流程。现在需要通过建立仿真模型向配送中心决策层进行布局方案和出入库流程的动态展示。此外，战略部经理何堃还希望能够利用仿真模型解决更多的规划难题，例如设备选型、确定 AGV 数量、针对目前的配置方案发现系统中的瓶颈并提出解决方案等。

何经理要求您的团队在 10 个小时内完成下列任务。

任务一：根据战略部前期拟定的布局方案绘制立体库平面布局图。图纸尺寸没有严格要求，但具体比例须按照图 3-2-1 所示的草图进行设定。

任务二：建立仿真模型，对立体库布局和出入库流程进行动态展示。建议按照如下步骤逐步完成：立体仓库区—入库模块—出库模块—出入库流程整合—出库叉车模块—AGV 模块。

任务三：对模型进行装饰。隐藏不必要显示的实体，用可视化工具建立仓库的地面和四周的围墙，围墙高度自定。

任务四：模型中设备的运行参数如货物到达时间、车辆行驶速度等无须修改，但要求货物在立体库中至少停留 100 秒才能出库。

任务五：根据您建立的模型，向决策层领导展示仿真模型在立体库规划中的更多作用。例如按照您建立的模型展示设备的利用率；寻找模型中的瓶颈，并提出解决方案。

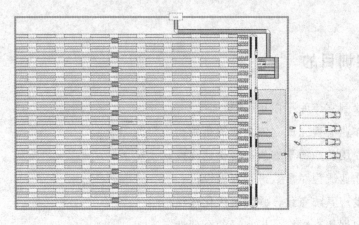

图 3-2-1　立体库布局草图

四、建模要求

1. 图纸围墙尺寸建议设置为 29900 mm×20416 mm。在 Flexsim 中导入图纸时将图纸的 SX、SY、SZ 值都调整为 0.005。

2. 根据图 3-2-1 思考货物入库、托盘堆码、AGV 搬运、堆垛机入库出库、叉车出库、托盘回收的整体流程。

3. 模型的整体示意图如图 3-2-2 所示，图 3-2-3 为模型的一角，即托盘堆码环节。立体仓库区设有 12 组立体货架模块，每组包括两个立体货架、一个入库托盘架、一个出库托盘架和一个堆垛机。托盘架用传送带模拟。

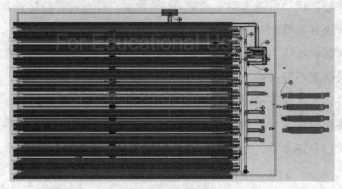

图 3-2-2　模型俯瞰图

图 3-2-3　模型装盘区

五、关键步骤解析

1. 图纸绘制

图纸绘制的难点在于立体仓库区，需要充分利用 Visio 软件提供的形状组合、对齐形状和分配形状功能。

2. 模型规划

在复杂的模型中，需要在前期进行周密的规划，思考建模的步骤以及各实体间的逻辑关系。此时不必严格按照本书所总结的五个步骤进行建模，可以考虑将连端口和调参数两个步骤合并进行。由于模型复杂程度较高，应将模型划分成不同模块，对各模块分别进行逻辑关系的设定，并考虑不同模块间的交互关系，最后将各模块进行整合。

必须充分重视模型前期的规划，如果前期考虑得不到位，可能导致后期工作量成倍增加，甚至使模型无法顺利建立。

在本模型中根据各实体的关联程度可以分为立体仓库区、入库环节、出库环节、出库叉车和 AGV 五个模块。前三个模块完成后可以单独进行测试，确保测试无误后再进行整合，完成整合后模块即可顺利运行。后两个模块涉及的是任务执行类实体，也就是运输工具,负责完成货物的搬运任务,只要与前三个模块设置好调用关系,就能够实现正常运转。对于 AGV 模块,还需要通过网络节点指定 AGV 的行走路径以及其他一些细节调整,操作比较烦琐,但难度不大。

等五个模块整合完毕后再对模型进行必要的美化,即可建立出视觉效果极佳的动态模型。

3. 立体仓库区建模

立体仓库区设有 12 组立体货架模块,每个模块的结构和功能都相同。如果分别建立将使工作量非常大,利用可视化工具将模块进行封装后可以实现模块的快速复制,因此是立体仓库区最有效的建模方法。

先将可视化工具拖入 3D 视图中,再将立体货架模块的实体分别拖入 3D 视图。鼠标悬停在可视化工具上方,当可视化工具周围出现黄框时释放鼠标,该实体即被拖入了可视化工具内部,与可视化工具成为了一个整体,不必再进行移入高亮实体操作(参考项目 10)。此时拖动可视化工具,其内部实体会一起移动。将立体货架模块的实体调整好位置,并设置好 A 连接、S 连接、运输工具的调用以及发送至端口策略。

由于在模型规划期忽视了出库时的发送策略,在视频"项目三 03 立体仓库区建模"中事先没有将出库托盘架的发送至端口改为随机端口,导致在视频"项目三 06 出入库流程整合"中需要大量操作来进行补救。这正说明了模型规划的重要性。在立体仓库区建模时应该充分考虑模型的逻辑,做好相关设置后再对立体货架模块进行复制。

将复制好的 12 个立体货架模块进行水平方向的对齐,这一步可以采用复制高亮实体属性的方法,将高亮可视化工具的 X 值复制给选中的可视化工具,这样能够保证货架排列绝对整齐。

为了方便后续操作还可以使用成组工具分别对入库托盘架和出库托盘架进行编组,此后如果需要选中所有入库托盘架时,只需在实体组中进行操作即可实现快速选中。成组工具是复杂模型中的重要工具之一。

立体仓库区建完后可以临时加入发生器和吸收器对该部分模型进行测试,保证模型的顺利运行,避免后期出现问题后再返工。

4. 入库模块

建立入库模块的难点在于传送带的布局和实体间关系的设定。

传送带布局时经常需要设置节段的类型是平直还是弯曲,此时有一定的技巧可循。首先添加好一段平直的节段和一段弯曲的节段;接下来如果需要平直节段,则先选中原有的平直节段后单击"添加"按钮,将该平直节段进行复制,再通过右侧的箭头调整新加节段的位置;如果需要新加弯曲节段,则先选中原有的弯曲节段再进行后续操作。这样免去了重复调整节段类型的烦琐过程,能够节省大量的时间。

实体的连线及调用在第二部分中已经进行了多次练习,相信大家已经能够顺利地完成操作。需要强调的是当需要对合成器进行连线时,一定要先将产生容器的实体与合成器进行 A 连接,再将其他实体接入合成器。

5. 出库模块

出库模块相对比较简单,其中的装车环节建议使用可视化工具的方法进行快速复制。需要注意的是,实体移入可视化工具后即与可视化工具成为了一个整体,此时将实体移动到其他位置或调整可视化工具的大小都不会影响实体与可视化工具直接的从属关系。因此,建议将暂存区调整到容易选择的位置,否则会发生视频中的情况:当按住 Ctrl 键点击暂存区时会将暂存区和可视化工具同时选中,如果想单独选中暂存区还需要按住 Ctrl 键再次点击可视化工具,给操作带来不必要的麻烦。

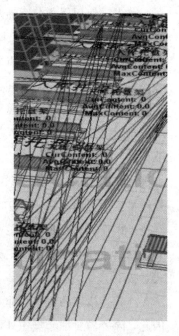

图 3-2-4 出入库流程整合的连线关系

本书配套视频对出库模块做了一些简化,照此建模也可以。

6. 出入库流程整合

如图 3-2-4 所示,出入库流程整合的连线关系非常复杂,需要事先理解货物在各实体之间的流动关系。利用查找实体工具和实体组工具对多个实体进行快速选择,再进行统一操作,是这一步的正确方法。

整合完成后尝试运行模型,如果出现错误需要进行调试,直到模型能够正常运转。

7. 出库叉车模块

由于出库作业需要调用多个叉车,所以需要使用任务分配器来完成该操作。任务分配器与叉车间进行 A 连接,固定实体与任务分配器间进行 S 连接。将需要使用叉车的固定实体设置为"使用运输工具"。

在模型中拖入叉车后,选中叉车,右键选择"设置当前位置为重置位置",这样可以使模型重置后所有叉车都回到初始位置。

8. AGV 模块

AGV 模块的建立比较复杂,难点在于使用网络节点设定 AGV 的行走路径。

首先，使用任务分配器对 AGV 进行调用，操作方法与出库叉车模块类似。设定完成后运行模型，确保 AGV 调用正常。

接下来要进行网络节点的设定。AGV 需要沿环形轨道逆时针行驶，在相应的实体旁停留以便进行货物的装卸操作。因此，需要在合成器、出入库托盘架、出库区传送带、托盘回收传送带、托盘回收区和轨道转弯处各拖入一个网络节点。为了便于操作，可以将网络节点的面积调大。将网络节点与相邻的固定实体进行 A 连接；将相邻网络节点按顺序彼此进行 A 连接，并调整轨道转弯处的路径弧度；将 AGV 与某个网络节点进行 A 连接，使 AGV 归入该网络；调整 AGV 的位置和旋转角度并设置为重置位置。最后为了确保 AGV 逆时针行驶，还要将网络路径上顺时针方向的绿色圆点修改为红色。操作方法是右击绿色圆点，选择"No_Connection"，即在逻辑上断开连接。这样，网络路径上的 AGV 就不会在断开的方向上行驶了。或者使用一个更加快捷的方式，按下 X 键，两次单击颜色圆点，也可以使其变为红色。

至此，模型的连线将非常复杂，同时还会涉及众多的网络节点，如图 3-2-5 所示。因此，除了需要细心操作外，还需掌握必要的操作技巧，例如成组操作、复制高亮实体属性等。

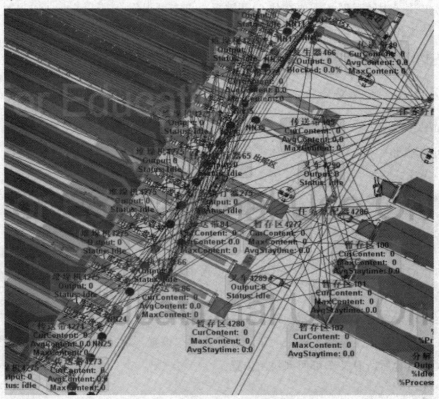

图 3-2-5　最终模型的连线及网络节点设置

9. 模型的装饰

模型的装饰包括隐藏不必要的实体，建立地面和墙面。其中地面和墙面可以利用可视化工具制作几个平面，调整尺寸、位置和颜色，做出效果。此外还可以利用基本固定实体和基本任务执行器来建立立方体和球体的形状。如果想使模型更加美观，您还可以通过改变实体的 3 D 图形的方式导入更加逼真的三维模型。如图 3-2-6 所示，您可以下载天空盒模型在场景中制作出天空的效果。相关的操作方法在本书第二部分已经做过介绍，这里不再赘述。

图 3-2-6　天空盒效果

10. 瓶颈分析与优化建议

运行模型，可以很容易地观察到模型的瓶颈，也就是货物在什么位置产生了堆积。分析瓶颈的产生原因，可以提出相应的改进措施，例如提高设备的处理速度或增加设备等。还可以通过模型的统计数据，分析设备的利用率等指标，提出优化建议。这才是仿真模型真正的价值所在。

六、考核标准

考核项目	内容标准	分值
绘制图纸	能够使用 Visio 完成图纸的绘制，图纸布局基本符合项目要求，图纸绘制美观。	10

续表

考核项目	内　容　标　准	分值
立体仓库区建模	能够使用可视化工具建立货架模块，并完成快速复制。正确建立立体仓库区模型，能够通过测试顺利运行。	15
入库模块	掌握传送带布局设置的简便方法。正确调用机器人进行货物的堆码。连线关系设置无误。合成器设置无误。能够通过测试顺利运行。	15
出库模块	布局和连线无误，参数设置无误。能够通过测试顺利运行。	10
出入库流程整合	正确设置连线关系，参数设置无误。能够通过测试顺利运行。	20
出库叉车模块	正确使用任务分配器，参数设置无误。能够通过测试顺利运行。	10
AGV模块	正确使用任务分配器，参数设置无误。正确使用网络节点。能够通过测试顺利运行。	15
模型的装饰	能够对模型进行简单装饰。	5

项目 3 快餐店运营仿真与优化

一、实训目的

1. 综合体会仿真模型在现实生活中的应用；
2. 能够综合使用前面所学方法对实际问题进行建模；
3. 能够使用仿真模型对营业利润进行分析；
4. 能够根据仿真结果提出合理的优化建议；
5. 体会 Flexsim 在供应链管理以及配送中心管理中的作用。

二、计划学时

8 学时

三、任务背景

某快餐店只经营早餐，每天营业一个小时，提供的产品有 6 种，分别是纯牛奶、吉士蛋堡、麦辣鸡翅、麦香鸡、热香饼、香芋派。

每天早晨 7∶00，快餐店正式开门营业。开门后快餐店开始制作早餐，同时顾客也会陆续到达。本书光盘中提供了顾客到达时间间隔的统计数据，单位为秒。请根据统计数据进行概率分布拟合，在拟合结果中选择指数分布作为顾客到达时间间隔的参数。早餐的制作时间如表 3-3-1 所示。

表 3-3-1 早餐的相关信息

产品名称	单位利润	每次制作的数量	每次制作的时间
纯牛奶	2	1	exponential（0，10，0）
吉士蛋堡	3	1	exponential（0，40，0）
麦辣鸡翅	2	5	exponential（0，125，0）
麦香鸡	3	3	exponential（0，135，0）
热香饼	2	1	exponential（0，50，0）
香芋派	2	4	exponential（0，120，0）

其中单位利润是每份产品的利润,有些产品是成批制作的,制作时间是每批产品的制作时间。例如每份麦香鸡的利润是 3 元,制作 1 批麦香鸡需要的时间为 exponential(0,135,0)秒,每批制作 3 份。

快餐店有 2 个销售窗口,顾客到达后可以到任何一个窗口前排队,通常情况下,顾客会选择在排队较短的窗口前排队。如果排队的总人数达到 20 人,新到的顾客会直接离开。

每个窗口由 1 名服务员为顾客提供早餐。顾客对早餐产品的需求是较为固定的,根据顾客的需求可以将其分为 10 类,每类顾客的需求及其占比如表 3-3-2 所示。

表 3-3-2 各类顾客的需求及占比

	顾客类别	A	B	C	D	E	F	G	H	I	J
需求数量	纯牛奶	1	1	1		1					
	吉士蛋堡	1		1		1		2			
	麦辣鸡翅		2		2						3
	麦香鸡	1			1	1				2	
	热香饼		1		1			1			
	香芋派			1		1			1		
顾客占比		25%	20%	15%	10%	5%	5%	5%	5%	5%	5%

在快餐店的后厨,每类产品制作好后放到单独的存放区,存放区最大容量都是 10。服务员按照顾客的需求到相应的存放区将产品拿到窗口,每次只能拿一份产品。等顾客所需的产品都到齐后,顾客会到就餐区用餐。每位顾客的用餐时长为 exponential(0,300,0)秒。所有顾客都在快餐店用餐,用餐完毕后立即离开。顾客离开后不需要清理餐桌,下一位顾客可以立即到该座位用餐。目前就餐区有 10 个座位,拿到实物后如果没有空座位,顾客需要在等候区等待。

快餐店每天早晨 8:00 关门,此后顾客只能出不能进。待店内所有顾客用餐完毕离开快餐店后,当天的营业即结束。经理需要计算每种产品的利润和当天的总利润。

四、快餐店布局

快餐店布局如图 3-3-1 所示。本书配套光盘中提供了布局图"快餐店布局图.dwg",请将其导入 Flexsim 模型背景,背景参数设定如下:SX 设置为 0.002,SY 设置为 0.002,SZ 设置为 1,其他都设置为 0。

在图 3-3-1 和图 3-3-2 中提供了一种建模思路，您也可以按照自己的想法来完成模型，不必拘泥于本书提供的思路。但模型必须按照本书提供的布局图进行布局。完成布局后可以将模型背景删除。

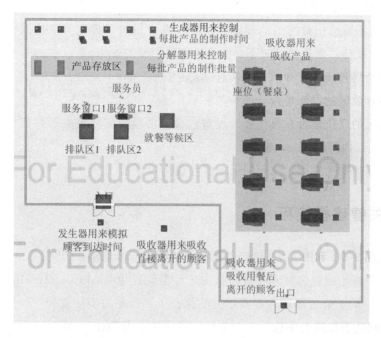

图 3-3-1　模型布局及相应实体用途说明

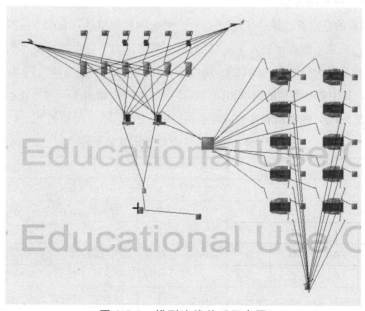

图 3-3-2　模型连线关系示意图

五、仿真要求

1. 请根据项目背景和布局要求建立仿真模型。本书配套光盘中提供了仿真模型以供参考。为了不影响您对模型的理解,模型没有进行过多美化。该仿真模型中涉及一些中高级建模技巧,您在建模时不必完全达到该模型的效果。

2. 通过全局表统计每种产品的利润以及总利润。

3. 产品存放区的设计是否合理?如果不合理应该怎么改进?

4. 就餐区的座位是否充足?最少设置多少个座位能够使就餐等候区的最大等候人数减少到5人以内?

5. 针对模型中的瓶颈,您还能提出哪些优化建议?

六、关键建模技巧

1. 根据图 3-3-1 和图 3-3-2 已经能够把握建模的整体思路。

2. 用发生器生成顾客时建议将临时实体种类设置为 TaskExecuterFlowItem(任务执行器临时实体)。在后面顾客需要经过的路径中,将相关实体选择"使用运输工具",然后在其右侧的下拉箭头中选择"任务执行器作为临时实体"。此时您会发现,产生的顾客已经可以行走了,而不是直接"飘"过去。当然不这样设置对模型的影响也不大,这里只是介绍一种新的方法。

3. 窗口位置的合成器选择"打包",结合全局表和更新组件列表的方法实现为不同客户提供不同产品。但是不能直接把表 3-3-2 复制到全局表,因为各类顾客的比例是不同的,应该如何解决?根据最大公约数的知识您可以把顾客类别再进行细分,分成 20 类,每一类的比例都是 5%,其中某些类别的需求相同。这样问题就迎刃而解了。如果还不理解,比较一下表 3-3-2 和表 3-3-3,两者所表达的内容是相同的,但表 3-3-3 能够被 Flexsim 所理解。

表 3-3-3 顾客需求占比转化为全局表

纯牛奶	1	1	1	1	1	1	1	1	1	1
吉士蛋堡	1	1	1	1	1	0	0	0	0	1
麦辣鸡翅	0	0	0	0	0	2	2	2	2	0
麦香鸡	1	1	1	1	1	0	0	0	0	0
热香饼	0	0	0	0	0	1	1	1	1	0
香芋派	0	0	0	0	0	0	0	0	0	1
纯牛奶	1	1	0	0	1	0	0	1	0	0
吉士蛋堡	1	1	0	0	1	0	2	0	0	0
麦辣鸡翅	0	0	2	2	0	0	0	0	0	3

续表

麦香鸡	0	0	0	0	1	1	0	0	2	0
热香饼	0	0	1	1	0	1	0	1	0	0
香芋派	1	1	0	0	1	0	0	1	0	0

4. 餐桌位置的分解器选择拆包，拆包后，分解器默认将容器发往第一个输出端口，将容器内的货物发往第二个输出端口。因此，第一个输出端口应连接到出口处的吸收器，第二个输出端口连接到餐桌旁的分解器。否则，走出快餐店的就是食物而不是顾客了。

七、考核标准

考核项目	内容标准	分值
流程梳理	能够根据题意梳理出该模型的流程。	5
布局和连线	模型背景导入布局图。能够根据题意和布局图完成模型布局和连线。使模型能够顺利运行。	50
概率分布拟合	能够根据顾客到达时间间隔的统计数据完成数据拟合，得出概率分布的参数。	10
建立全局表	正确建立全局表，对运行数据进行记录，并为更新合成器组件列表做好准备。	5
读写全局表	利用全局表实时记录不同产品获得的利润；根据全局表更新合成器组件列表。	30

八、拓展练习

练习内容：为了保证给顾客提供最新鲜的早餐，目前快餐店是等开门之后才开始制作早餐的。但经过调查发现，早晨时间比较紧张，顾客对早餐是否新鲜并不介意。因此，快餐店经理决定在开门营业之前就开始制作早餐。但是，他不知道该提前多长时间才能既保证盈利最多，又保证早餐尽量新鲜。您能解决这个问题吗？

附件 A 配送中心运营管理沙盘简介

为了配合《配送中心布局规划与管理》或类似课程,可以结合本书的主体部分设计集中实训课程,一方面能够加深学生对配送中心相关知识的理解和掌握,另一方面可以使学生掌握物流仿真技术。

此外,项目组还精心设计了一套配送中心运营管理沙盘,以及在此基础上升级而成的云仓管理沙盘,如需深入了解可以与本书主编联系。配送中心运营管理沙盘可以安排到《配送中心布局规划与管理》课程或类似课程的课内实训。该沙盘的相关介绍如下:

一、沙盘简介

1. 基本介绍

配送中心运营管理沙盘能够为学员提供一个接近真实的运营管理环境,包括订货信息、库存状态、补货车辆状态等。在本沙盘的支持下能够让学员理解配送中心作业流程、作业状态、作业标准、管理方法等诸多专业知识。

图 A-1 为配送中心运营管理沙盘实拍图。

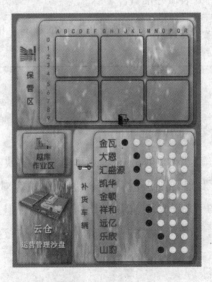

图 A-1 实物沙盘

附件 A　配送中心运营管理沙盘简介

配送中心运营管理沙盘的作业流程与配送中心实际的作业流程完全对应，订单、库存、补货等情景也基本符合配送中心的实际情况，因此该沙盘完全可以体现实际管理中的诸多问题。

2. 项目背景

宏远食品配送中心是一家刚刚运营不久的城市配送中心。目前，该配送中心储存了来自 9 家供应商的 26 种商品，为下游的 10 家客户进行配送。

宏远食品配送中心的运营已经基本步入正轨，其初始运营方案如下。每天，配送中心会接到来自 1～20 家客户的 20 份订单，上、下午各 10 份，每份订单会订购 1～4 种商品。订购商品的类型基本符合经验分布，订购商品的数量基本符合正态分布。每配送一箱货物会获得固定收益。接单员将有效订单发给仓储部门，由仓储部门组织出库作业，继而由配送部门组织配送作业。如果发现某种商品的剩余库存低于安全库存，则须联系供应商，按照经济订货批量进行进货。每天下班前，由库存盘点员对当天的收益、剩余库存、保管费用、动管区额外费用、拣货总成本、订货成本、社会配送成本和额外收益或成本进行盘点，从而计算出当天的总利润。

沙盘操作以 16 天为限，活动结束后以平均利润最高者为优胜组。

3. 相关数据

该沙盘提供了翔实的历史数据供决策者制订方案时参考。数据提供了去年一年内各类货物的日均出库量、期初的库存数量、各种货物的采购周期、每次的订货成本、保管区单位商品年保管费用、动管区费用。

4. 实施过程

在课前准备阶段，建议小组内部进行明确分工，并考虑遇到紧急情况如何协调。此外，更重要的是制订库存方案，确定再订货点、订货批量、库存布局方案、拣货路径设计原则等。

课上运营阶段按照图 A-2 所示的实训指导流程图结合沙盘进行操作。

在课后需要学员总结实训心得，例如：遇到过何种突发情况及处理办法、前期准备阶段确定的方案及实际效果等。

5. 补充说明

沙盘中涉及了以下概念：加急订单、拣货成本、动管区、额外收益/成本，这些概念在实训指导书中都进行了明确解释。

另外需要注意，配送中心是你们团队的，在可控范围内，您可以做适当的决策调

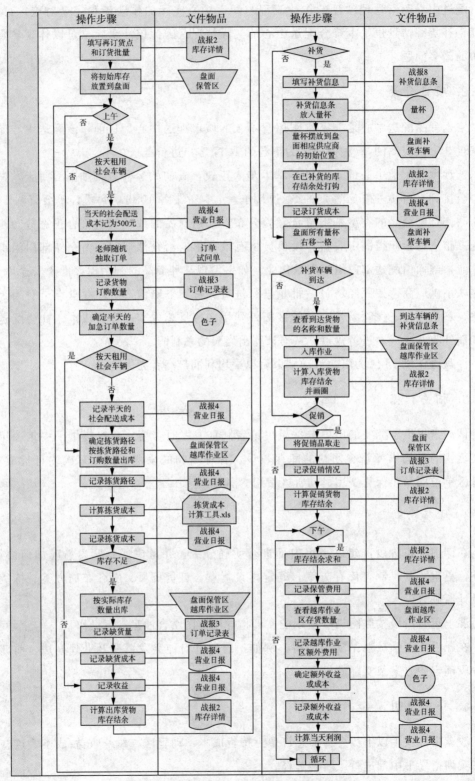

图 A-2 配送中心运营管理沙盘操作流程

整。您可以随时对再订货点、订货批量、库存布局方案、拣货路径设计原则等方案进行调整。如果储位不够用了,放弃某种货物的配送也是允许的。

二、实训收获

实训的主要收获包括但不限于以下方面。

(1) 体验了配送中心作业的全过程。通过实战模拟,切身体验了客户下单、接单、库存查询、订单分配、拣货、补货、在途货物跟踪、货物达到入库、物流费用结算等全过程。

(2) 提升了库存布局方案的设计和规划能力。理解了按照出入库频率进行储位分配原则、动管区和仓储区的设置、货架摆放、储位编码等要点。

(3) 明白了做好仓储管理要做的几件事。熟悉入库、在库和出库作业流程、合理进行储位规划和管理、入库后实物与信息的更新和核对、库存信息正确填写、库存盘点的重要性和必要性。

(4) 理解了补货的含义。如何设定安全库存、补货时机、订货量和订货点的计算、订购提前期对订购量和订购点的影响、在途货物的跟踪等。

(5) 掌握了拣货路径和拣货方法的设计。摘果法和播种法两种拣货方法的选用和比较、如何做到"先进先出"、如何规划拣货路径等。

(6) 学会了车辆的调度和安排。为了降低成本、提高车辆利用率,要根据不同订单情况合理安排和调度车辆、进行车辆配载、选择配送线路等。

(7) 领悟了物流成本控制和核算。理解了物流成本的构成、通过租赁车辆、仓储费用核算等理解了如何合理控制物流成本等。

(8) 锻炼了团队协作、统筹安排、与人沟通的能力。

三、沙盘实训总结

通过这次情景模拟剧,我深深了解到配送中心运营流程,首先选出总经理,由总经理依据对整个流程的进行而分配角色,虽然我扮演的角色是"储位",但是随着流程的进行,我了解到:首先客户依据需求向物流公司下单,说明总金额,之后物流公司查看其信誉度,决定是否接单,订单分为上、下午,按照时间安排将总订单进行合并,依据订单安排货物储位,按照"先进先出"原则拣货员对客户所需货物进行拣货,储位人员填写出库单,之后仓库管理人员依据货物储存量进行管理,出库量有小于安全库存,通知采购人员进货,供货周期每12小时步进一次,各储位人员依据货物情况填写入库单、出库单.修改货物情总,之后将所有订单合并,在电脑上自动生成总利润。

在此次模拟活动中,我学到了很多,第一个心得,在客户订货时,我们的语言要温和，热情，让客户有良好的印象。第二个心得，在拣货过程中会出现库存不足，或是达到订货点的问题，所以我们要及时供货，设计与供需相符合的供货数量，库存数量。第三个心得，我们的订货供货时发现储货不足，原因是库存积压，流通性不强，也有订货过高的问题，所以我们要根据情况调节订货量，尽量减少库存成本和尽量节省储位，使流通性加强，我们还可以提高销售量，利用各种营销手段销售商品，也可以降低库存。

通过这次实训，我真实体会到了订货，拣货，安排储位，存货管理等活动，感觉很有感触，而且做到了人人参与，提高了学生的积极性，动手实干能力，而且活动很生动，流程很清晰，使我们对这次实训的活动记忆深刻，有所提高。

对仓库配送中心的工作流程和仓库规划的认识与了解，我们都需要去通过真实的情境去学习，而在这次课堂上，通过实战演练，更多地认识与了解到了仓库的具体细节，情境模拟中有货物货位的安排，货物的配送流程，货物的配送方式等等很多知识。

在情境模拟的开始，接受订单是开端，订单一经接受，买卖双方的合同即为成立，接受订单后一定要去确认货物数量及日期，客户信用还有订货价格，加工包装。同时也要查看仓库中的货物是否能够供应我们提供给客户，如果这些货物满足客户的需求，就要依订单排定出货时间及拣货先顺序，在拣货的时候要依客户需求，拣取标准时间及内部工作负荷来定出货时间及拣货先后顺序。拣货的时候我们应该要去存货地点完成拣货，因为这样也不会支担保别的程序和别的拣货，拣货完成后要及时去更新存货信息为下一步拣货提供货物依据，货物储存量不足的货位，拣货完成后要及时跟供应商联系进行货物被充，同时，在储位上我们要合理分配、安排、以节省大量的空间和货物，搬运时所需的时间，在拣货的时间，我们要不断地去认识熟练各种拣货方式，让我们在拣货过程少出现一些差错。

前几日，我们在仓储配送与管理课上进行了一次情境模拟，课上老师们耐心的讲解，演示以便同学们更好掌握其中的道理，同学们都也很不错，积极努力地配合着老师，使整个一堂课都气氛很活跃，情境模拟的也相当成功。

首先，应该进行下单客户打电话说明自己想要的东西进行下单，然后由专门人员进行信息确认，看仓库中货御用是否够，如果够，进行出库，不够的话，进行补货。接着，有专门人员负责拣货，将顾客订购的商品从储位中选出来，并进行相应的出库业务。在整个实训过程当中，都要求同学们十分仔细认真，因为商品种类与数目繁多，很容易出现错误，如果其中一个环节出现问题，那下面的环节也会出现一系列的问题。所以，无论在哪个岗位，哪个环节，认真仔细都是不可缺少的。

从这次情境模拟中真的学到了很多，而且印相也非常深刻，整堂课的气氛也相当活跃，希望还会有机会与老师和同学们再次进行这样愉快和课堂学习。

通过这次的出库作业情境训练。我们发现出库作业不是像书本文字的那样简单，在真实的情境模拟下会遇到更真实的问题，对于每个环节，我们都需要特别的掌握，

附件 A 配送中心运营管理沙盘简介

更要理解，对于拣货员用的一些充分拣方式我们也要有所了解，对于出库作业每个岗位的职责，作业，不能仅限于课本上的说的，我们需要更多的是理解。

四、沙盘实拍照片

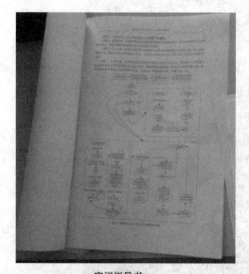

实训指导书

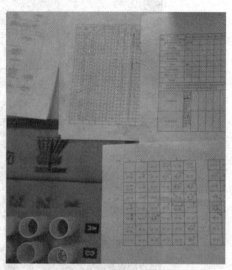

实训单据

备用订单

货物币

实训桌全貌

· 109 ·

学生实训实景

附件 B 本书配套光盘目录

文件夹名	文件名称	文件大小
01 Flexsim 安装文件	安装说明.doc	36 kb
6.0.2 中文版	FlexSim6.0.2 Chinese.exe	71568 kb
7.3.6 英文版	FlexSim_7.3.6_x86.zip	97637 kb
Microsoft .NET Framework 2.0	略	
02 Flexsim 基本操作篇		
操作视频		
001	启蒙.avi	14767 kb
002	建模步骤.avi	73974 kb
011	邮局窗口.avi	17600 kb
012	拓展.avi	26480 kb
021	分布函数.avi	6658 kb
031	统计数据.avi	34123 kb
032	拓展—仿真报告.avi	5767 kb
033	拓展—模型美化.avi	14677 kb
041	两窗口.avi	20452 kb
042	拓展.avi	29877 kb
051	多种对象的练习.avi	51302 kb
052	拓展.avi	118765 kb
061	全局表.avi	61571 kb
071	优先级.avi	23535 kb

续表

081	设置颜色、3d图形.avi	35829 kb
091	货架摆放.avi	17646 kb
092	思考题.avi	2253 kb
101	数据展示.avi	36045 kb
102	拓展.avi	10811 kb
111	更新合成器组件列表.avi	47859 kb
121	打开关闭端口.avi	50127 kb
131	关闭网络节点侧边.avi	18684 kb
141	读写全局表.avi	31833 kb
相关文件		
00	00.fsm 厂房布局图.dwg	61 kb 49 kb
01	01.fsm	31 kb
02	空文件夹	
03	03.fsm 03拓展2.fsm 生成报告.mdb 统计数据.xls	32 kb 614 kb 2940 kb 310 kb
04	04.fsm 04拓展.fsm	47 kb 33 kb
05	05多种对象的练习.fsm 05拓展.fsm	59 kb 332 kb
06	06全局表.fsm	54 kb
07	07优先级.fsm	37 kb
08	08设置颜色、3d图形.fsm	41 kb
09	09思考题.fsm 09货架摆放.fsm	39 kb 39 kb
10	10拓展.fsm 10数据展示.fsm	31 kb 35 kb

续表

11	11 更新合成器组件列表.fsm	58 kb
12	12 打开关闭端口.fsm	45 kb
13	13 关闭网络节点侧边.fsm 堆垛机沿曲线行进.fsm	48 kb 48 kb
14	14 读写全局表.fsm	42 kb

03 配送中心布局仿真综合篇

项目1　日用品仓储配送中心布局设计与仿真实训

操作视频

02	物流量从至表法的 Excel 实现方法.wmv	72800 kb
03	基本储存能力的计算.wmv	27562 kb
04—1	就地堆码方案下的仓储区域面积.wmv	7526 kb
04—2	货架存放方案下的仓储区域面积.wmv	21590 kb
05—1	绘制图纸.wmv	64685 kb
05—2	仿真实验.wmv	31275 kb

相关文件

01	日用品仓储配送中心的规划与布局设计任务书.pdf	158 kb
02	物流量从至表法的 Excel 实现方法物流量从至表法.xls	43 kb
03	基本储存能力的计算基本储存能力.xls 托盘最大装载量.doc	15 kb 71 kb
04	不同方案下的仓储区域面积仓储区域面积.xls 仓储区域面积计算公式.ppt	19 kb 99 kb

续表

05 绘制配送中心的总平面布局图	01 平面布局仿真－规定路径.fsm	79 kb
	02 平面布局仿真－简化.fsm	65 kb
	03 平面布局仿真－学生练习.fsm	54 kb
	仓储区域面积.xls	316 kb
	布局规划图纸.dwg	51 kb
	布局规划图纸.vsd	251 kb

项目2 自动化立体库布局设计与仿真实训

操作视频

01	建模效果预览.wmv	162000 kb
02	图纸绘制.wmv	183496 kb
03	立体仓库区建模.wmv	409837 kb
04	入库模块.wmv	156625 kb
05	出库模块.wmv	54008 kb
06	出入库流程整合.wmv	106544 kb
07	出库叉车模块.wmv	50284 kb
08	AGV 模块.wmv	168136 kb
09	模型的装饰.wmv	71132 kb

相关文件

01 建模效果预览	truck.3ds	2301 kb
	立体库.fsm	1299 kb
02 图纸绘制	01 立体库视频.hlv	3540 kb
	02 立体库视频截图及图纸要求.doc	6783 kb
	03 图纸.vsd	484 kb
	04 图纸.dwg	225 kb
	05 图纸含详细说明.vsd	496 kb

续表

03 立体仓库区建模	03 立体仓库区建模.fsm 图纸.dwg	168 kb 225 kb
04 入库模块	04 入库模块.fsm	183 kb
05 出库模块	05 出库模块.fsm	188 kb
06 出入库流程整合	06 出入库流程整合.fsm	190 kb
07 出库叉车模块	07 出库叉车模块.fsm	196 kb
08 AGV 模块	08 AGV 模块.fsm	216 kb
09 模型的装饰	09 模型的装饰.fsm	1274 kb
3d 模型	略	
项目 3 快餐店运营仿真与优化		
相关文件		
01	快餐店运营仿真与优化.pdf	226 kb
02	顾客到达的时间间隔.xls	32 kb
03	快餐店布局图.dwg	44 kb
04	快餐店运营仿真与优化.fsm 快餐店布局图.vsd	118 kb 1236 kb
04 附件 A 配送中心运营管理沙盘简介	配送中心运营管理沙盘简介.doc	990 kb

附录 C 相关知识索引

实体 5
端口 6
发生器 14
暂存区 14
处理器 14
吸收器 14
实体的连接 14
系统瓶颈 16
流节点 21
属性窗口 22
概率分布函数 24
概率分布拟合 29
全局表 31
实验器 32
合成器 37
分解器 38
复合处理器 38
网络节点 38
记录器 39
传送带 39
触发器 43
优先级 47
先占值 47
可视化工具 61
合成器组件列表 65
任务分配器 65
发送消息 73
网络节点间的 D 连接 73

参 考 文 献

[1] Li-Hong Chen, Da-Wei Hu, Ting Xu. Highway Freight Terminal Facilities Allocation based on Flexsim [J]. Procedia — Social and Behavioral Sciences, 2013, 96.

[2] Lin-Wei XU, Pei-Qing WANG, Shang-Lun CHEN, Xing-LI Zhong. Simulation and optimization of the steel enterprise raw material system [J]. Proceedings of 2012 3rd International Asia Conference on Industrial Engineering and Management Innovation (IEMI2, 012), 2012, 08.

[3] 宋伟峰. Flexsim 在物流系统规划中的应用研究 [D]. 北京交通大学, 2007.

[4] 斯建永. 配送中心设施规划及其仿真研究 [D]. 浙江大学, 2006.

[5] 陈佳, 蒋国良, 徐广印. 基于 Flexsim 的农产品物流配送中心系统仿真 [J]. 河南农业大学学报, 2011, 02: 258-262.

[6] 胡霞, 王帆. 用 Flexsim 求解整数线性规划问题 [J]. 物流科技, 2014, 04: 77-78+85.

[7] 王亮, 吴志斌, 王君杰等. 后方仓库自动作业系统仿真优化研究 [J]. 物流科技, 2011, 34 (2): 106-108.

[8] 肖江波, 杨福兴. 基于 Flexsim 仿真的物流配送中心优化探讨 [J]. 现代商贸工业, 2007, 10: 61-62.

[9] 张晓萍. 物流系统仿真原理与应用 [M]. 北京: 中国物资出版社, 2005.

[10] 邱小平. 物流系统仿真 [M]. 北京: 中国财富出版社, 2012.

[11] 秦天保, 周向阳. 实用系统仿真建模与分析 [M]. 北京: 清华大学出版社, 2013.

[12] 尹静, 马常松. Flexsim 物流系统建模与仿真 [M]. 北京: 冶金工业出版社, 2014.

[13] 北京创时能科技有限公司. 物流专业 Flexsim 软件仿真手册 [EB/OL] [2012-04-27]. http: //wenku. baidu. com/link? url=fphApTdtWuSK_xy6JX3odO50qQs PJRvonFoFRrMQO17hzRx8-_GgBNsvrGGFw1ujFfBmUz1-LmPSpQ_jDW-YLn4TLJFRiT399OMht1-6cqQm

[14] 北京创时能科技发展有限公司. Flexsim 用户手册 [EB/OL] [2014-05-13]. http: //www. doc88. com/p-1955427188967. html